EXPEDITION NATUR

Florian Läufer

Abenteuer Angeln
Von Ködern, Karpfen & Co.

Mit Illustrationen von
Arno Kolb und Axel Nicolai

moses.

Hallo, mein Name ist Finn!

Ich liebe das Forschen und Entdecken in der Natur und möchte dich gerne mitnehmen auf meine Angel-Expedition. Weißt du, was eine Expedition ist? So nennt man einen Ausflug ins Freie, bei dem man eine Menge Nützliches und Verblüffendes über die Natur erfährt. Bei einer Angel-Expedition wirst du zum Fisch-Experten und kannst viel über den Lebensraum und das Verhalten der Fische lernen und natürlich, wie du die unterschiedlichen Fischarten mit der Angel überlisten und fangen kannst.

Ob am Bach, in einem kleinen Teich oder großen Stausee – in fast jedem Gewässer leben kleine und große Fische. Mit etwas Glück, ein wenig Übung und der richtigen Zusammenstellung deines Angelgerätes kannst du sie ausfindig machen, beobachten und schließlich fangen. Sicherlich hast du von den meisten Fischen, die hier vorgestellt werden, sogar schon gehört. Um diese Fische mit der Angel fangen zu können, ist es wichtig, ein wenig über ihr Verhalten und ihre Nahrungsgewohnheiten zu wissen. Und natürlich musst du auch wissen, welches Angelgerät du für welche Fischart benötigst. Zum Glück ist das alles aber gar nicht so kompliziert, wie es auf den ersten Blick erscheint. Hier wird dir alles Schritt für Schritt erklärt.

Und nun viel Spaß bei unserem gemeinsamen Angel-Abenteuer an Bach, Teich und Fluss!

FINNs  **TIPP!**

Wenn im Text ein schwieriges Wort auftaucht, das du nicht kennst, schau im Glossar nach (Seite 94). Dort ist es erklärt.

Inhalt

Deine Angelausrüstung

Jeder Angler braucht eine Angelausrüstung, um Fische zu fangen. Wenn du das allererste Mal in einem Angelgeschäft stehst, wirst du erstaunt sein, wie viele Ruten, Rollen und Zubehörteile dort zum Kauf angeboten werden. Das riesige Angebot ist sehr verwirrend. Um die ersten Fische zu fangen, benötigst du das Meiste allerdings gar nicht, denn viele Dinge sind für sehr spezielle Angelmethoden entwickelt worden. Glücklicherweise werden aber die meisten Fische mit ganz einfachen Mitteln gefangen. In diesem Kapitel lernst du die wichtigsten Gegenstände deiner Ausrüstung kennen, damit du weißt, worauf du beim Kauf achten solltest. Lass dich am besten zusätzlich im Angelgeschäft vom Verkäufer beraten. Die Verkäufer sind fast immer sehr erfahrene Angler, die genau wissen, was du als Anfänger benötigst.

Deine Angelrute

Die Angelrute stellt beim Angeln deinen verlängerten Arm dar und hilft dir, deinen Köder auszuwerfen und den Fisch sicher an Land zu bringen. Angelruten gibt es in vielen unterschiedlichen Längen. Du solltest eine Länge von 2,10-2,70 m wählen. Längere Ruten sind für Kinder nicht so gut geeignet, weil man mit ihnen viel zu oft in Bäumen und Büschen hängen bleibt.

Wichtig ist auch das Wurfgewicht deiner Angel. Es gibt Ruten, die am besten für sehr schwere Köder geeignet sind, andere lassen sich am besten mit leichteren Ködern einsetzen. Damit du weißt, welche Rute sich wofür eignet, sind auf jeder Rute die idealen Wurfgewichte angegeben. Du solltest dir eine Rute mit einem Wurfgewicht von etwa 10-30 g aussuchen.

Schon gewusst?

Es gibt zwei Arten von Angelruten: **Steckruten** und **Teleskopruten**. Während Steckruten meist aus 2-3 einzelnen Teilen bestehen, die beim Angeln zusammengesteckt werden müssen, lassen sich Teleskopruten – so wie ein Fernrohr – ineinander schieben. Wenn du viel mit dem Fahrrad zum Angeln fährst, solltest du dich für eine Teleskoprute entscheiden, da diese weniger Platz wegnimmt und nicht so sperrig ist.

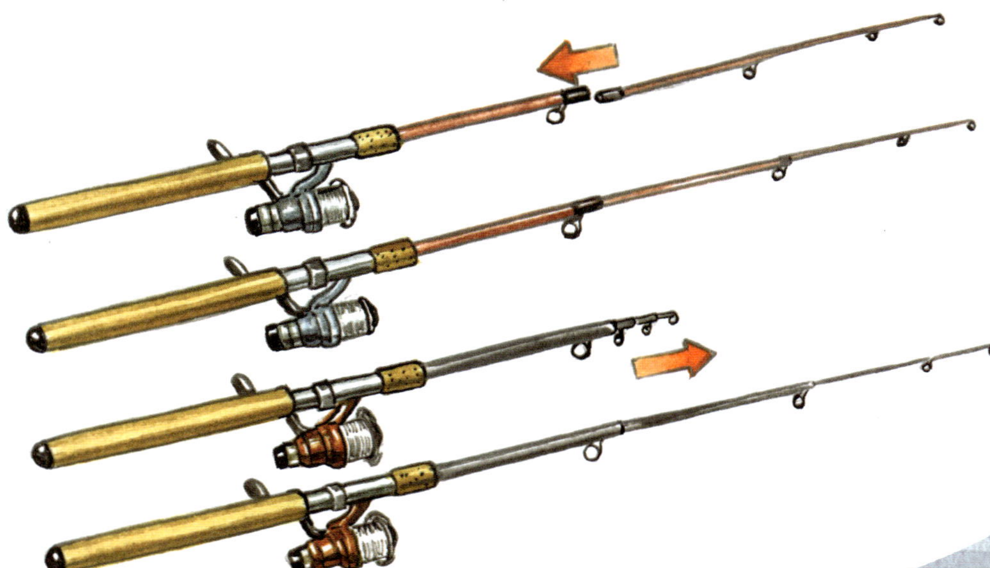

Achte beim Kauf der Rute auf die Ringe. Die Ringe dienen dazu, die Schnur an der Rute entlang zu führen, damit diese sich gleichmäßig biegt, wenn du einen Fisch an der Angel hast. Am besten funktioniert das, wenn deine Angel über mindestens sieben Ringe verfügt.

Extra-Tipp

Wenn du dich für eine Rute entschieden hast, solltest du vor dem ersten Angeltag die Folie entfernen, die fast immer um den Griff geschweißt ist. Einige Angler tun dies nicht, weil sie denken, dass die Folie Schutz vor Verschmutzung bietet. Tatsächlich sammelt sich aber Feuchtigkeit darunter und das Material beginnt nach einiger Zeit zu schimmeln.

Deine Angelrolle

Die Angelrolle ist ein kleines technisches Kunstwerk und hilft dir, den Köder weit in Richtung Seemitte auszuwerfen und große Fische zu fangen. Zwar gibt es viele verschiedene Modelle, doch solltest du dich als Anfänger für eine Stationärrolle entscheiden. Diese gibt es in ganz unterschiedlichen Größen. Für dich ist eine kleine bis mittlere Größe optimal. Größere Rollen sind sehr schwer und es ist ziemlich anstrengend, diese für längere Zeit in den Händen zu halten.

Auf die Spule der Rolle wird vom Hersteller aufgedruckt, wie viel Schnur auf die Spule passt. Selbst auf eine kleine Stationärrolle passen weit mehr als 100 m Angelschnur.

Ein sehr wichtiger Bestandteil deiner Rolle ist die Bremse. Diese ist entweder oben auf der Spule (Frontbremse) oder ganz hinten an der Rolle (Heckbremse) eingebaut. Wofür du dich entscheidest, ist Geschmackssache. Wichtig ist nur, dass du die Bremse durch Drehen an dem jeweiligen Knauf fester oder lockerer stellen kannst. Du solltest die Bremse vor jedem Angeltag auf deine verwendete Schnur einstellen. Wenn du die Bremse zu stark angezogen hast und einmal einen richtig kräftigen Fisch an der Angel hast, kann dieser mit Leichtigkeit deine Schnur zum Reißen bringen. Am besten stellst du die Bremse so ein, dass der Fisch die Möglichkeit hat, mit einiger Anstrengung Schnur von der Rolle zu ziehen, ohne dass diese zu stark belastet wird.

FINNs TIPP!

Am besten kannst du die Bremskraft der Rolle einstellen, indem du einen Freund oder deine Eltern um Hilfe bittest. Montiere hierzu die Rolle auf die Rute, öffne den Schnurfangbügel und ziehe die Schnur durch alle Ringe. Jetzt bittest du deinen Helfer, das Ende der Schnur gut festzuhalten und schließt den Rollenbügel. Nun ziehst du die Angel langsam, aber gleichmäßig, immer weiter nach oben, bis sie sich richtig schön biegt. Wenn sich dann bei kräftigem Zug langsam die Schnur knatternd von der Rolle abzieht, ist die Bremse perfekt eingestellt. Auf keinen Fall darf die Schnur dabei reißen, denn dann ist die Bremse zu fest angezogen.

Ein anderer wichtiger Bestandteil deiner Angelrolle ist der Schnurfangbügel, den du zum Auswerfen öffnen musst, damit sich die Schnur abspulen kann. Zum Einholen der Schnur muss der Schnurfangbügel wieder geschlossen werden. Durch das Drehen an der Kurbel dreht sich die Spule gleichmäßig um die Achse der Rolle und die Schnur wird über das Schnurlaufröllchen auf die Spule gewickelt.

Klingt kompliziert – ist es aber eigentlich gar nicht. Schau dir einfach das Foto an, auf dem alle Teile der Rolle beschrieben sind und vergleiche dies mit deiner Ausrüstung.

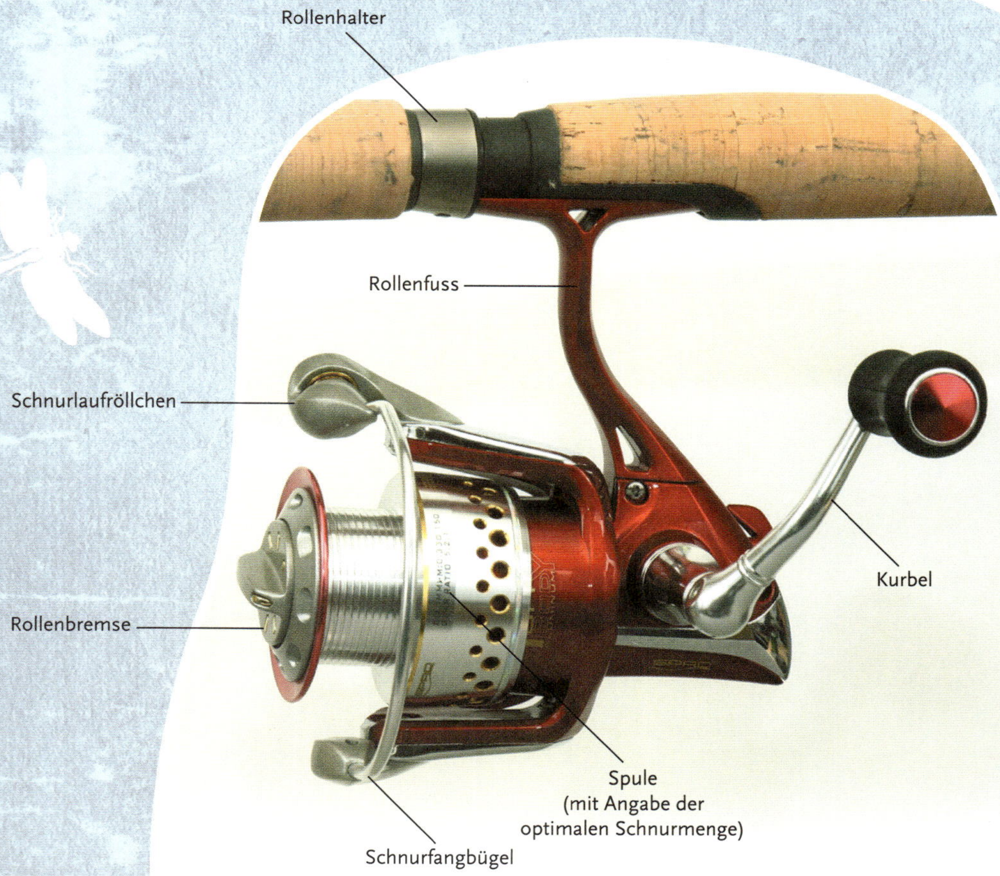

Deine Angelschnur

Die Angelschnur ist deine direkte Verbindung zum Fisch. Wichtig ist, dass die Schnur gut auf deine Rute und Rolle abgestimmt ist, denn nur so arbeitet dein Gerät am besten. Eine zu dicke Schnur ist meist sehr steif und lässt sich an deiner Rolle schlecht aufspulen. Außerdem schöpfen die Fische eher Verdacht, denn sie können die Schnur unter Wasser schneller entdecken und werden deinen Köder nicht so gerne fressen wollen. Zu dünne Schnur solltest du allerdings auch nicht wählen, denn wenn tatsächlich mal ein richtig dicker Brocken an deiner Angel tobt, könnte die Schnur reißen, bevor der Fisch in deinem Kescher ist. Am besten eignet sich für dich eine Schnur mit einem Durchmesser von etwa 0,22-0,25 mm und einer Tragkraft von ca. 4 kg. Der Durchmesser und die Tragkraft der Schnur sind auf die Verpackung stets angegeben. Wenn du unsicher bist, kannst du aber auch den Verkäufer um Rat fragen.

FINNs TIPP!

Wenn du die Schnur auf deine Angelrolle aufspulen willst, darfst du die Rolle nicht zu voll machen. Auf keinen Fall sollte die Schnur über den Rand der Spule hinaus befüllt werden, denn dann wickelt sie sich manchmal von ganz alleine ab und es entstehst ein Durcheinander auf der Rolle, das sich nur schwer wieder entknoten lässt. Hast du dagegen zu wenig Schnur auf der Rolle, kannst du deinen Köder nicht mehr so weit auswerfen.

Optimal ist es, wenn die Schnur etwa bis 1 mm unter den Spulenrand gefüllt ist. In den meisten Angelgeschäften kann man sich die Schnur kostenlos mit einer Maschine aufspulen lassen, bis die Rolle genau richtig befüllt ist.

falsch falsch richtig

Jede Menge Zubehör

Neben Rute, Rolle und Schnur benötigst du noch ein kleines Grundsortiment an Kleinteilen. Diese Dinge sind nötig, um in verschiedenen Situationen Fische fangen zu können oder einfach, um dir das Angeln ein wenig zu erleichtern.

Damit du gleich am Anfang wie ein richtiger Profiangler aussiehst, aber auch, damit du die ganzen Kleinteile verstauen und auch wiederfinden kannst, brauchst du einen **Angelkasten**. Achte beim Kauf darauf, dass er nicht zu klein ist, denn deine Ausrüstung wird mit der Zeit immer umfangreicher. Neben vielen kleinen Staufächern für die kleinen Einzelteile sollten auch ein paar größere Fächer für Gegenstände wie Zange, Messer usw. vorhanden sein. Allerdings musst du aufpassen, dass er noch auf den Gepäckträger deines Fahrrads passt und im gefüllten Zustand nicht zu schwer zum Tragen ist.

Extra-Tipp

Wenn du im Angelgeschäft keinen geeigneten Kasten findest, kannst du auch in einem Baumarkt danach suchen. Die Kästen dort sind eigentlich für Handwerker gemacht, eignen sich aber natürlich genauso für Angler. Außerdem sind sie meistens etwas billiger.

Kleinstes aber wichtigstes Teil, um Fische fangen zu können, ist natürlich der **Angelhaken**. Wenn du in einem Angelgeschäft stehst, wirst du dich wundern, wie viele verschiedene Modelle es davon zu kaufen gibt. Den richtigen Haken zu finden, ist aber zum Glück nicht schwer: Auf den meisten Verpackungen siehst du nämlich den Namen oder das Bild des Fisches aufgedruckt, für den die Haken am besten geeignet sind. Entscheide dich am Anfang für die Modelle, die schon an einem Stück Schnur, dem Vorfach, angeknotet sind. Damit ersparst du dir am Anfang das fummelige Anknoten der kleinen Haken. Du brauchst die vorgebundenen Haken nur aus der Verpackung nehmen und das Vorfach mit Haken in deinen Wirbel einhängen oder anknoten.

FINNs TIPP!

Die Schnur deines Vorfachs sollte immer ein wenig dünner sein als die Schnur auf deiner Rolle! Immer dann, wenn sich dein Haken unlösbar am Gewässergrund verfangen hat, wirst du die Schnur durchreißen müssen, um weiterangeln zu können. Ist das Vorfach dünner als die Hauptschnur, wird immer zuerst das Vorfach reißen. Dadurch verlierst du nur deinen Haken und nicht den gesamten Rest deiner Montage wie Pose, Blei und Wirbel. Das spart erstmal Geld und ist außerdem auch besser für die Fische: Wenn dir mal ein größerer Fisch verloren geht, weil die Schnur gerissen ist, braucht dieser nur mit dem kurzen Vorfach im Maul weiter schwimmen und zieht nicht deine gesamte Montage hinter sich her.

Der **Wirbel** ist ein wichtiges Verbindungsglied zwischen der Hauptschnur und dem Vorfach deiner Angelschnur. Wirbel werden in unterschiedlichen Größen angeboten und verfügen – ähnlich wie deine Angelschnur – über eine bestimmte Tragkraft. Du solltest immer Wirbel verwenden, deren Tragkraft etwas höher als die deiner Hauptschnur ist.

Die meisten Modelle haben einen kleinen Einhänger, den du wie einen Schlüsselkarabiner öffnen und schließen kannst. Diese Funktion hilft dir, dein Vorfach ohne lästiges Knoten schnell und einfach einzuhängen. Allerdings sind sie auch ein bisschen teurer als die einfachen Wirbel. Wenn du die Anglerknoten erst einmal beherrscht, kannst du natürlich auf sie verzichten.

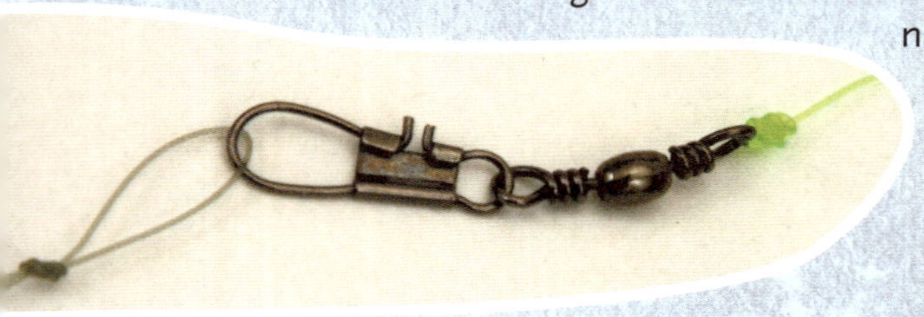

Sehr häufig wirst du beim Angeln **Posen** und **Blei** gebrauchen. Dank der Posen kannst du deinen Köder in einer bestimmten Gewässertiefe anbieten und außerdem die feinen Bisse der Fische erkennen. Mit der Pose zu angeln ist total spannend, denn immer, wenn sich ein Fisch an deinem Köder zu schaffen macht, beginnt die Pose zu wackeln und zu wandern, bis sie irgendwann vollständig unter Wasser gezogen wird. Du kannst also immer genau sehen, was gerade mit deinem Köder passiert.

Damit deine Pose nicht flach auf dem Wasser liegt, sondern schön aufrecht im Wasser steht, brauchst du noch eine kleine Dose **Klemmbleie**. Diese kleinen Bleie haben eine Einkerbung, mit der du sie auf deine Schnur klemmen kannst. Wie das geht, erfährst du im Kapitel „Posenangeln".

Außerdem benötigst du noch einige **Laufbleie** mit Gewichten von jeweils 5-40 g. Lege dir ungefähr 10-12 Stück mit unterschiedlichen Gewichten in deinen Angelkasten, dann hast du eine kleine Auswahl für etliche Angeltage. Wenn du noch ein wenig Taschengeld übrig hast, kannst du dir auch noch ein Päckchen **Castingbooms** kaufen. Diese können hilfreich sein, wenn der Grund in deinem Angelgewässer sehr schlammig ist. Wie du die Laufbleie benutzt, kannst du im Kapitel „Grundangeln" nachlesen.

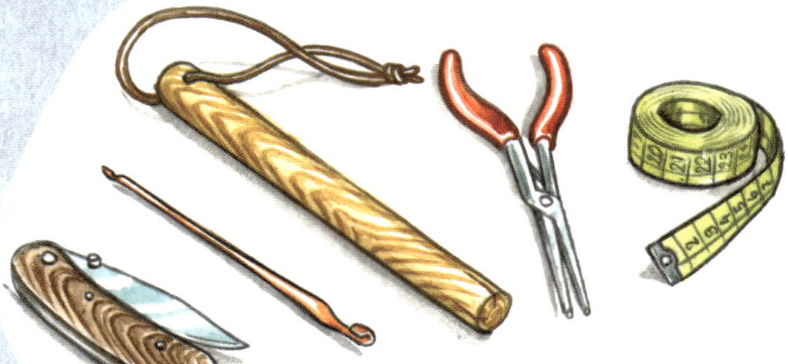

Jeder Angler benötigt am Wasser ein paar kleine Werkzeuge, um seinen Fang versorgen zu können. Hierzu gehören ein **Zentimetermaß**, um die Länge des gefangenen Fisches nachzumessen, eine **feine Zange** zum Hakenlösen und ein **Schlagstock**, mit dem der Fisch betäubt wird, wenn man sich entschließt, ihn zu töten und zu essen. Du brauchst keinen teuren Schlagstock im Angelgeschäft zu kaufen, ein abgesägter Besenstiel reicht vollkommen aus. Außerdem braucht jeder Angler ein **Angelmesser,** mit dem er die Schnur durchschneiden und kleinere Arbeiten erledigen kann. Am besten verwendest du ein Klappmesser, weil man sich damit nicht verletzen kann, wenn man es nicht benutzt.

Außerdem brauchst du noch einen **Hakenlöser**, falls dein gefangener Fisch einmal den Haken so tief geschluckt hat, dass du ihn mit dem Finger nicht mehr erreichen kannst. Entscheide dich für ein möglichst dünnes Modell, da die größeren Hakenlöser nicht in das Maul kleinerer Fische hineinpassen.

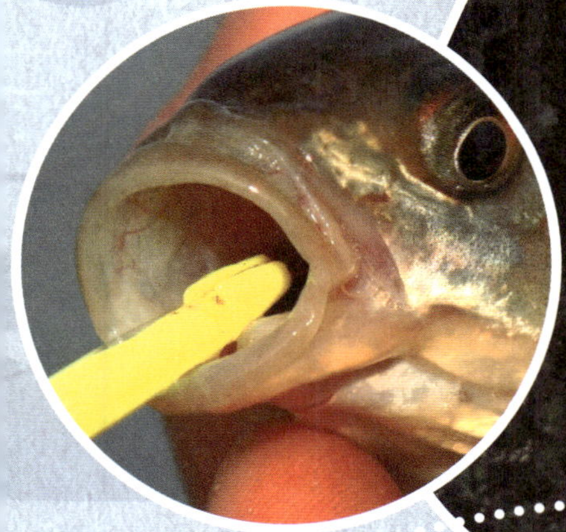

Schon gewusst?

Ein ganz wichtiges Utensil beim Angeln ist übrigens der Unterfangkescher! Sobald du nämlich einen größeren Fisch an der Angel hast, kannst du diesen nicht mehr aus dem Wasser herausheben, ohne dass deine Schnur durchreißt. In solch einem Fall musst du den Fisch erst in den Kescher ziehen und ihn dann mit dem Kescher an Land heben. Für dich ist ein zusammenklappbarer Kescher perfekt geeignet, weil du ihn viel besser transportieren kannst als andere Modelle. Je größer das Netz, umso leichter ist es, auch größere Fische in den Kescher zu ziehen.

Damit du deine Angel nicht einen ganzen langen Angeltag in der Hand halten musst, kannst du dir noch einen oder zwei Rutenständer kaufen, auf die du die Rute zwischendurch ablegen kannst. Am besten ist es, wenn der Rutenständer teleskopierbar ist. Damit kannst du dann nämlich die Länge des Rutenständers selbst bestimmen. Dies ist wichtig, wenn du ein unebenes Ufer hast.

FINNs TIPP!

Du kannst dir auch leicht einen Rutenständer aus einer Astgabel selbst herstellen. Dazu suchst du einfach nach einer Astgabel, kürzt die beiden Äste, die die Astgabel bilden, auf etwa 5-10 cm und spitzt den langen Teil des Astes mit deinem Angelmesser an, damit du ihn in den Boden stecken kannst. Fertig ist dein Rutenhalter! Jetzt kannst du deine Angel auf die Astgabel legen und es dir bequem machen.

Später kannst du dir noch eine Rutentasche kaufen, in der du deine Angel, die Rutenständer und andere Ausrüstungsgegenstände aufbewahren und ans Wasser tragen kannst. Darin ist deine Ausrüstung immer gut geschützt und lässt sich ganz einfach mit dem Gurt auf dem Rücken tragen, wenn du mit dem Fahrrad zum Angeln fährst. Außerdem kannst du dich beim Angeln auf die Tasche setzen, wenn der Uferboden zu nass oder zu schmutzig ist. Ein kleiner, zusammenklappbarer Angelstuhl ist aber natürlich sehr viel gemütlicher!

Erstelle dir am besten eine kleine Einkaufsliste, was du alles für deine erste Angelausrüstung benötigst und lasse dich damit in einem Angelgeschäft von einem Verkäufer beraten. Du kannst aber auch dieses Buch mitnehmen und dir die Teile aus der Liste (S. 19) zusammensuchen, in der alles noch einmal in Stichworten aufgeführt ist.

Das Allerwichtigste für erfolgreiches Angeln ist aber nicht eine perfekte Ausrüstung, sondern ein guter Angelfreund oder eine gute Angelfreundin. Zu zweit macht das Angeln gleich doppelt soviel Spaß: Ihr könnt euch gegenseitig neue Kniffe und Tricks verraten und euch gemeinsam über jeden gefangenen Fisch freuen. Außerdem benötigst du immer mal wieder Hilfe, wenn du alleine nicht zurecht kommst. Wenn du einen großen Fisch an der Angel hast, kann dein Freund dir helfen, ihn in den Kescher zu bekommen. Andersherum kannst du ihm vielleicht aushelfen, wenn ihm ein Teil in der Ausrüstung fehlt. Angeln macht Spaß, aber zu zweit oder zu dritt ist es richtig klasse!

Und wer weiß, vielleicht findest du ja sogar in deinem Angelgeschäft einen Angelfreund, denn dort halten sich immer andere Kinder auf, die ebenfalls Spaß am Angeln haben. Sprich sie einfach an und bitte sie um Rat, sie werden dir ganz sicher helfen und ihr könnt euch zum Angeln verabreden.

FINNs TIPP!

Damit du möglichst lange Freude an deiner Angelausrüstung hast, solltest du sie regelmäßig pflegen. An die bewegenden Teile deiner Rolle gehört gelegentlich ein Tropfen Öl. Lege die Rolle niemals in den Sand am Ufer, denn wenn der in die Rolle gelangt, wird sie nicht lange heil bleiben. Du solltest die Rolle – genauso wie deine Rute – immer gut abwischen, wenn sie mal schmutzig geworden ist. Achte bei der Rute ganz besonders auf die Sauberkeit der Ringe, damit die Schnur immer gut durchgleiten kann.

Wenn dein Angelkasten mal im Regen stand und von innen nass geworden ist, solltest du ihn 1-2 Tage von innen trocknen lassen; sonst beginnen deine Kleinteile zu rosten und lassen sich bald nicht mehr verwenden. Deine Angelschnur musst du nach einiger Zeit (ca. 1 Jahr) austauschen, da sie durch die Sonneneinstrahlung und Benutzung mit der Zeit immer schwächer wird.

Was du am Anfang benötigst:

- ☑ eine Angelrute, ca. 2,10-2,70 m Länge, mindestens 7 Ringe, 10-30 g Wurfgewicht
- ☑ eine kleine oder mittlere Stationärrolle
- ☑ ca. 150 m Angelschnur mit einem Durchmesser von 0,22-0,25 mm und einer Tragkraft von ca. 4 kg
- ☑ ein Angelkasten, nicht zu klein
- ☑ Angelhaken mit Vorfach (vorgebunden)
- ☑ Wirbel
- ☑ Posen
- ☑ Klemm- und Laufbleie
- ☑ zum Versorgen der Fische: Zentimetermaß, kleine Zange, Hakenlöser, Klappmesser, Schlagstock
- ☑ ein Unterfangkescher
- ☑ 1-2 Rutenhalter (verstellbar)
- ☑ evtl. Rutentasche und Angelstuhl

Das Auswerfen mit der Angel

Nachdem du dir deine erste Angelausrüstung zusammengestellt hast, möchtest du natürlich gleich damit ans Wasser fahren und die ersten Fische fangen. Viele Kinder und Jugendliche, die zum ersten Mal angeln, haben allerdings Schwierigkeiten mit dem Auswurf des Köders. Es ist nämlich gar nicht so einfach, den Köder weiter als nur ein paar Meter und vor allem zielgenau auszuwerfen.

Bevor du ans Wasser fährst, solltest du das Auswerfen mit deiner Angel darum zunächst auf dem Land ausprobieren. Am besten kannst du auf einer großen Wiese oder auf einem Sportplatz üben, wo keine Bäume oder andere Dinge im Weg stehen. Vielleicht werden die Spaziergänger etwas komisch gucken, wenn du mit deiner Angel auf der Wiese auswirfst. Darum solltest du dich aber nicht kümmern, denn so wie ein Sportler seine Kondition mit Laufen trainiert, solltest du das Zielen mit der Angel trainieren. Wer mit der Angel treffsicher ist, wird später mehr Fische fangen!

Übung macht den Angler!

Zielgenaues Werfen ist ein wichtiger Bestandteil beim Angeln, um erfolgreich zu sein. Außerdem schont es deinen Geldbeutel, weil du deinen Köder nicht so oft versehentlich in Bäume oder Büsche werfen wirst, aus denen du ihn nicht mehr heil herausbekommst.

Am besten triffst du dich mit ein oder zwei Freunden und trainierst mit ihnen – das bringt gleich viel mehr Spaß. Gut ist es, wenn einer von euch einen erfahrenen Angler im Bekanntenkreis hat, der euch die verschiedenen Wurftechniken zeigt. Außerdem bekommt ihr von ihm bestimmt auch noch andere wertvolle Tipps zum Angeln.

Vorbereitungen

Baue zunächst deine Angel zusammen. Hast du eine Steckrute, musst du die einzelnen Teile fest zusammenschieben. Bei einer Teleskoprute ziehst du die einzelnen Segmente der Angel einfach auseinander. Achte unbedingt darauf, dass alle Ringe in eine Richtung zeigen und nicht verdreht sind. Nur so kann die Schnur beim Auswurf gut ablaufen.

Jetzt schraubst du die Rolle in den Rollenhalter deiner Angel und öffnest den Schnurfangbügel, so dass du die Schnur abziehen kannst. Fädele die Schnur nach und nach durch alle Ringe. Wenn du die Schnur durch den letzten Ring deiner Angel gezogen hast, bindest du ein Blei mit etwa 20 g Gewicht an deine Schnur. Verwende hierzu den Clinch-Knoten von Seite 50.

Wenn du deine Angel zusammengebaut hast, legst du deine Jacke oder einen ähnlich großen Gegenstand auf die Wiese. Dies ist dein Ziel, dass du treffen musst. Wenn du mit Freunden übst, könnt ihr auch einen kleinen Wettbewerb machen: Wer trifft das Ziel am häufigsten?

Beginnt mit einer kleinen Entfernung zum Ziel, wenn ihr es regelmäßig trefft, könnt ihr die Entfernung zum Ziel vergrößern.

Der Überkopfwurf

In den meisten Fällen beim Angeln wirst du den Überkopf-Wurf gebrauchen. Mit ihm kannst du ganz hervorragend zielen und du hast guten Schwung, um auch mal etwas weiter auszuwerfen.

Wenn du Rechtshänder bist, greifst du mit der rechten Hand den oberen Griff der Angel. Der Rollenfuß befindet sich dabei zwischen Ring- und Mittelfinger. Nun ziehst du mit dem Zeigefinger an der Schnur, die zu den Ringen führt, und drückst sie mit der Fingerkuppe gegen den Griff.

Dadurch kann die übrige Schnur nicht von der Rolle ablaufen, wenn du jetzt den Schnurfangbügel öffnest. Wenn die Rutenspitze nach oben zeigt, sollte die Schnur so lang sein, dass das Blei bis zur Hälfte der Rute herabhängt.

Jetzt hältst du die Angel senkrecht nach oben und greifst mit der linken Hand das untere Griffende deiner Angel. Führe nun die Rute rechts neben dir an deinem Kopf vorbei, so dass die Rutenspitze hinter dich zeigt. Vergewissere dich, dass sich deine Schnur nirgendwo verheddert hat. Manchmal dreht sich die Schnur ungewollt um die Rutenspitze und du kannst nicht mehr auswerfen, weil die Schnur dann nicht mehr von der Rolle ablaufen kann.

Ist alles OK, guckst du wieder nach vorne, dein Ziel fest im Blick. Nun schleuderst du mit zügigem Schwung die Angel nach vorne. Der Zeigefinger hält dabei weiterhin die Schnur fest. Kurz bevor die Rutenspitze auf dein Ziel zeigt, lässt du den Zeigefinger los.

Hast du alles richtig gemacht, fliegt dein Blei jetzt in Richtung Ziel.

Wenn du den Finger zu früh loslässt, fliegt das Blei nicht nach vorne, sondern in die Höhe. Lässt du den Finger dagegen zu spät los, landet das Blei vor deinen Füßen. Gar nicht so einfach, oder?

Der Pendelwurf

Nicht immer musst du weit auswerfen am Angelsee, denn manchmal stehen die Fische auch ganz dicht am Ufer. Hierfür eignet sich der Pendelwurf sehr gut, den du auch ein wenig üben solltest. Stelle dich dazu nicht weiter als 10 m von deinem Ziel entfernt auf.

Für den Pendelwurf hältst du die Rute nur mit der rechten Hand fest. Wenn die Rutenspitze nach oben zeigt, sollte die Schnur so lang sein, dass das Blei bis kurz über deine Hand herabhängt.

Nun stellst du dich so hin, dass du gerade auf dein Ziel blickst. Mit dem Zeigefinger greifst du wieder die Schnur und öffnest den Bügel deiner Rolle. Nun beginnst du, das Blei mit dem Wurfarm zum Pendeln zu bringen. Das Blei sollte dann immer zwischen dir und deinem Ziel hin und her pendeln. Wenn du das Gefühl hast, dass du durch das Pendeln ausreichend Schwung aufgebaut hast, pendelst du noch einmal das Blei zu deinem Körper zurück, wieder nach vorne und gibst einen kleinen Schubs aus dem Handgelenk, wenn das Blei ganz vorne ist. In diesem Moment musst du deinen Zeigefinger an der Schnur loslassen, damit das Gewicht nach vorne fliegt.

Der Seitenwurf

Den Seitenwurf benötigst du immer dann, wenn du am Ufer nur ganz wenig Platz zur Verfügung hast, weil du von Hindernissen wie z.B. Bäumen und Sträuchern umgeben bist. Leider kannst du mit diesem Wurf nicht ganz so gut zielen und auch nicht sehr weit werfen. Trotzdem solltest du ihn einige Male üben.

Wieder hältst du die Rute nur mit der rechten Hand fest und fixierst mit dem Zeigefinger die Schnur bei geöffnetem Bügel am Rutengriff. Diesmal zeigt die Rute aber weit zur Seite von deinem Körper weg – dorthin, wo keine Hindernisse sind. Das Blei lässt du nur etwa 60 cm von der Rutenspitze gerade herunterhängen und lässt die Angel ganz still stehen, bis das Blei nicht mehr wackelt.

Jetzt sollte dein Blick zwischen Rutenspitze und Ziel hin und herwandern, damit du einschätzen kannst, wie viel Schwung du benötigst, um das Ziel zu treffen. Mit einer schnellen Bewegung aus dem Wurfarm schlenzt du nun den Köder zum Ziel und lässt wieder im richtigen Moment den Finger an der Schnur los, damit die Rolle die nötige Schnur für den Wurf freigibt.

Die wichtigsten Angelmethoden

Da sich die Angelgewässer alle unterscheiden, haben sich im Laufe der Zeit verschiedene Methoden entwickelt, um Fische möglichst erfolgreich fangen zu können. In einem flachen See muss anders geangelt werden, als an einem strömenden Fluss oder in einem richtig tiefen Gewässer. In diesem Kapitel lernst du die wichtigsten Methoden kennen und erfährst, wo du diese einsetzen kannst.

Posenangeln (Friedfische)

Die spannendste Angelart ist das Posenangeln, weil du dabei genau beobachten kannst, ob sich ein Fisch an deinem Köder zu schaffen macht. Durch das Wackeln und Wandern der Pose kannst du immer genau erkennen, was mit deinem Köder unter Wasser gerade geschieht.

Posenangeln eignet sich ganz besonders für stehende und langsam fließende Gewässer, die nicht zu tief sind. Am besten kannst du mit der Pose angeln, wenn die Entfernung zur Angelstelle nicht mehr als 15 m beträgt und wenig Wind herrscht. Ist es zu windig, wird das Auswerfen schwierig und die Pose immer wieder vom Angelplatz weggedrückt werden.

Am Anfang ist es am besten, wenn du mit einer feststehenden Pose angelst. Dafür darf deine Angelstelle nicht tiefer als 2 m sein. Die Montage dafür ist ganz einfach: Verwende eine schlanke Pose mit einer Tragkraft von etwa 2-3 g. (Die Tragkraft ist auf dem Posenkörper meist angegeben). Zuerst fädelst du die obere Öse der Pose auf deine Hauptschnur. Jetzt entfernst du die kleinen Gummis von dem Posenstiel und fädelst sie ebenfalls auf die Schnur. Wenn du sie danach wieder auf den Stiel aufschiebst, hast du die Pose auf deiner Schnur fixiert.

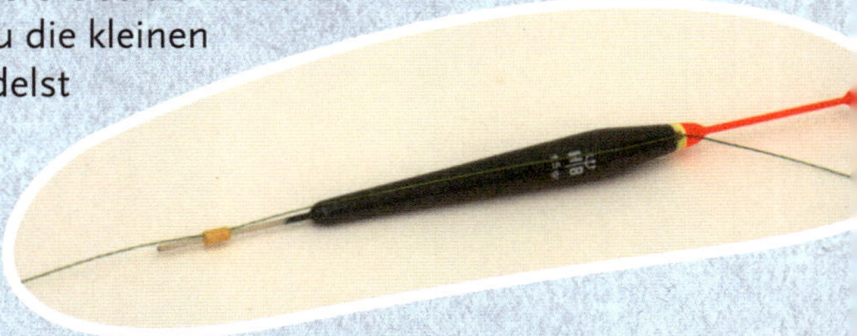

Nun knotest du einen kleinen Wirbel an das Ende der Schnur und hängst dein Vorfach mit einem nicht zu großen Haken in den Karabiner des Wirbels ein. Am besten verwendest du einen Haken, der sich für Rotaugen oder Brassen eignet. Dies ist ein Haken der Größe 10-14. Auf jedem Päckchen Haken, das du kaufst, sind die Hakengrößen angegeben.

Das Austarieren der Pose

Jetzt bist du fast fertig mit deiner Montage. Es fehlt aber noch der wichtigste Teil: das Austarieren der Pose. Hierfür benötigst du die Klemmbleie aus deinem Angelkasten.

Das Blei dient dir als Wurfgewicht und richtet die Pose im Wasser auf. Ohne Blei auf der Schnur würde die Pose flach auf dem Wasser liegen und die Bisse nur sehr schlecht anzeigen.

Drücke einfach einige deiner Klemmbleie zwischen Pose und Wirbel auf deine Schnur. Dafür legst du die Schnur in die kleine Kerbe der Bleie und kneifst das Blei leicht mit der Zange zu, bis das Blei auf der Schnur festgeklemmt ist. Mache dies vorsichtig und ohne zuviel Druck, damit deine Schnur nicht beschädigt wird.

Beginne oberhalb des Wirbels mit größeren Bleien und verwende kleinere Bleie, je näher du zum Haken kommst. Kontrolliere zwischendurch im flachen Wasser, ob deine Pose richtig austariert ist. Dies ist der Fall, wenn nur noch die feine Antenne deiner Pose aus dem Wasser herausragt und der Posenkörper von dem Blei unter Wasser gezogen wird. Wird die Pose komplett unter Wasser gezogen, hast du zuviel Blei angeklemmt und musst einen Teil wieder entfernen. Mit dem Messer kannst du die Einkerbung am Blei ganz einfach wieder aufbiegen.

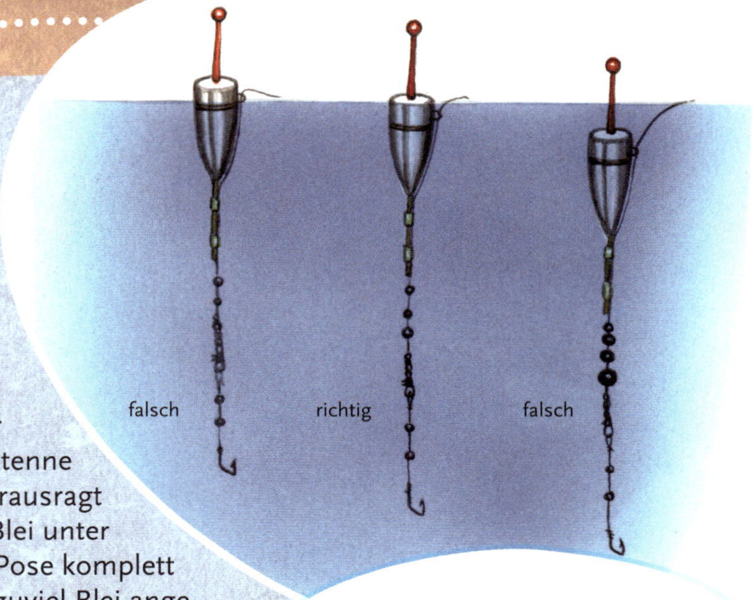

Nach den ersten größeren Bleien, brauchst du bald nur noch ganz kleine Bleie, um die Pose exakt auszutarieren. Klemme diese Bleie so auf die Schnur, dass die Bleie vom Haken in Richtung Pose immer größer werden, damit das meiste Gewicht möglichst weit oben auf deiner Schnur sitzt. Dadurch schöpfen die Fische weniger Verdacht, wenn sie den Köder ins Maul nehmen.

FINNs TIPP!

Nimm dir am Anfang eines Angeltags genügend Zeit für das richtige Austarieren der Pose, denn dies ist der wichtigste Teil beim Posenangeln. Je mehr von dem Posenkörper aus dem Wasser schaut, weil zu wenig Blei an der Schnur angebracht ist, desto mehr muss der Fisch von dem Posenkörper unter Wasser ziehen. Da der Posenkörper Auftrieb besitzt, bedeutet dies Widerstand für den Fisch und er lässt den Köder schnell wieder los.

Mache den Versuch im Schwimmbad und binde ein Stück Leine an einen kleinen aufgeblasenen Luftballon. Jetzt tauche hinab, ziehe an der Schnur und stelle dir vor, du wärst ein Fisch und der Luftballon ist die Pose. Merkst du, wie schwer es ist, den Luftballon gegen seinen Auftrieb unter Wasser zu ziehen? Genauso fühlt es sich für den Fisch an, wenn deine Pose nicht richtig austariert ist!

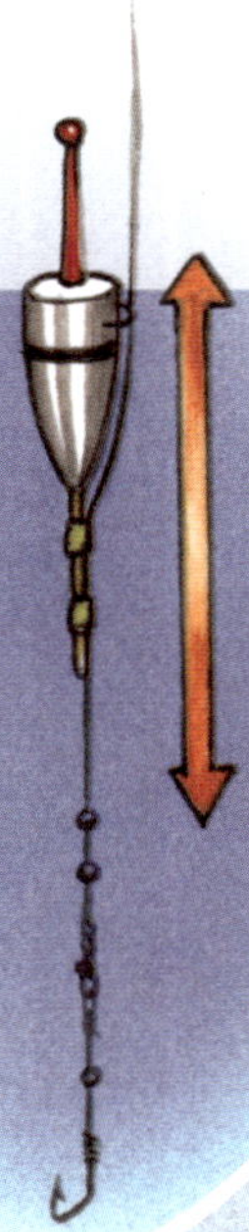

Posenangeln in verschiedenen Gewässertiefen

Jetzt, wo deine Posenmontage fertig ist, kannst du mit dem Angeln beginnen. Der Vorteil beim Posenangeln ist, dass du deinen Köder in allen Tiefenbereichen deines Gewässers anbieten kannst. Mit der Pose kannst du die nötige Angeltiefe ganz einfach verstellen. Durch die Gummis am Posenstiel ist die Pose zwar auf eine bestimmte Tiefe eingestellt, doch kannst du die Angeltiefe einfach ändern, indem du die Pose ganz leicht an der Schnur hoch oder runter schiebst. Der Abstand zwischen Pose und Haken ist dabei immer die Angeltiefe. Je weiter du die Pose in Richtung Haken schiebst, desto flacher wird dein Köder angeboten. Und umgekehrt: Je höher du deine Pose in Richtung Rutenspitze hochschiebst, desto tiefer angelst du. Achte aber darauf, dass du die Pose nicht tiefer einstellst, als deine Angel lang ist, da du sonst nicht mehr auswerfen kannst.

In welcher Tiefe du angelst, bleibt dir selbst überlassen. Bedenke aber, dass sich die unterschiedlichen Fischarten auch in unterschiedlichen Tiefen aufhalten. Brassen, Schleien oder Karpfen beispielsweise nehmen ihre Nahrung am liebsten am Grund auf. Rotaugen, Rotfedern und andere Weißfische schwimmen gerne an der Oberfläche oder im Mittelwasser umher. Möchtest du einen dieser Fische fangen, solltest du auch den Köder dort anbieten, wo sie sich mit Vorliebe aufhalten

Tiefgang

Wie tief dein Gewässer ist, stellst du beim Posenangeln ganz einfach fest. Wenn deine Pose richtig austariert ist – also nur noch die feine Antenne aus dem Wasser herausschaut – stellst du deine Pose nach und nach immer tiefer und wirfst nach jedem Verstellen die Pose wieder an deinen Angelplatz. Sobald du die Pose so tief gestellt hast, dass dein Vorfach auf dem Grund aufliegt (so wie im Bild), wird sich deine Pose nicht mehr richtig aufstellen. Das liegt daran, dass nun die untersten Bleie deiner Montage auf dem Gewässergrund aufliegen und die Pose damit nicht mehr durch ihr Gewicht richtig austariert wird.

Jetzt weißt du, wie tief deine Angelstelle ist und dass dein Köder auf dem Grund liegt. Hier liegt er für viele Fische genau richtig. Manchmal mögen es die Fische lieber, wenn der Köder ganz knapp über dem Grund schwebt. Probiere es aus, wenn du längere Zeit keinen Biss bekommen hast. Stelle dafür die Pose etwas flacher ein, indem du sie etwa 30 cm Richtung Haken schiebst.

Der Anhieb

Den Anbiss eines Fisches zu erkennen, ist ganz einfach. Meistens beginnt die Pose nervös zu wackeln und wird dann kurze Zeit später unter Wasser gezogen. Manchmal wandert die Pose auch an der Wasseroberfläche in eine bestimmte Richtung. Weil dein Angelhaken nicht von selbst im Maul des Fisches hängen bleibt, musst du einen kräftigen Anschlag setzen. Kurbel dafür zunächst deine lose Schnur ein, während deine Rutenspitze flach in die Richtung deiner Pose zeigt. Wenn sich zwischen dir und der Pose keine lockere Leine mehr befindet, ziehst du mit einem kräftigen Schwung die Angel nach oben. Wenn alles gut gegangen ist, krümmt sich nun deine Angel und der Fisch setzt sich am anderen Ende der Schnur wütend zur Wehr.

Es ist nicht immer leicht, den richtigen Zeitpunkt für den Anschlag zu erkennen, weil die Fische sich beim Fressen ganz unterschiedlich verhalten. Manchmal knabbern nur kleine Fische an deinem Köder und die Pose wackelt dabei hin und her. Meistens geht in solch einem Fall der Anhieb daneben. Setze den Anhieb immer erst dann, wenn die Pose eindeutig in eine bestimmte Richtung gezogen wird. Es kann allerdings auch passieren, dass ein Fisch den Köder unter Wasser nur anhebt und nicht wegschwimmt. In diesem Fall hebt sich deine Pose aus dem Wasser und stellt sich schräge auf, gelegentlich fällt sie sogar flach hin. Auch in diesem Fall musst du mit einem kräftigen Anhieb reagieren.

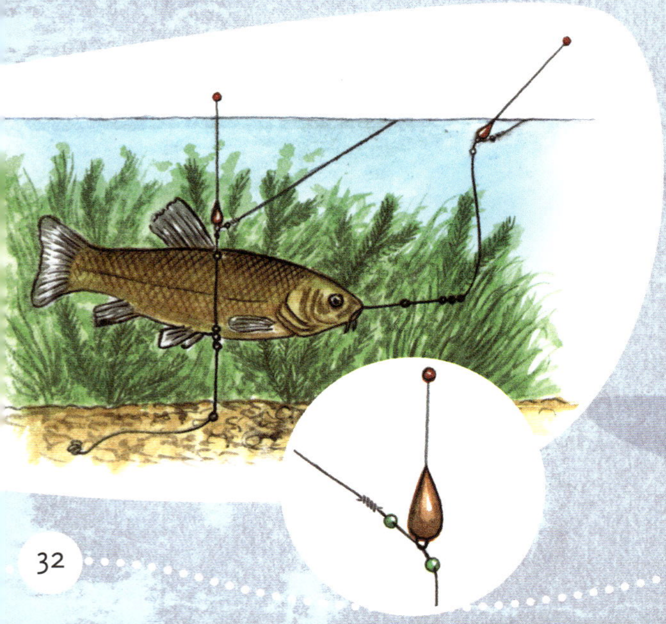

Extra-Tip

Selbst Profiangler sind sich oft nicht sicher, wann der richtige Zeitpunkt für den Anschlag gekommen ist. Dies ist ganz normal und gehört beim Angeln einfach dazu. Genau das macht es aber auch so spannend! Grundsätzlich gilt: Je kleiner der Köder, desto früher solltest du anschlagen.

Das Angeln mit der Laufpose

Etwas komplizierter wird es, wenn dein Angelplatz wesentlich tiefer als die Länge deiner Angelrute ist. Mit einer feststehenden Pose kannst du in solch einer Tiefe nicht mehr angeln. In diesem Fall benötigst du eine Laufpose. Wie der Name bereits verrät, gleitet die Pose frei auf der Hauptschnur. Damit sie in der gewünschten Angeltiefe stehen bleibt, wird sie an entsprechender Stelle durch einen Stopperknoten/Stoppergummi gestoppt. Du kannst Stopperknoten und -gummis im Angelgeschäft kaufen oder dir deine Stopperknoten aus dickem Garn auch selber knoten. Wie das funktioniert, erfährst du im Kapitel „Angelknoten“.

Für die Montage befestigst du zuerst den Stopperknoten auf deiner Hauptschnur. Damit sich die Laufpose, die du durch ihre unterste Öse aufziehst, später nicht darin verhängt, fädelst du vorher noch eine kleine Stopperperle auf die Hauptschnur. Laufposen dürfen ruhig ein wenig mehr Tragkraft als feststehende Posen haben. Dadurch wird es einfacher beim Auswerfen.

Nachdem du die Pose aufgefädelt hast, kommt noch einmal eine Stopperperle. Danach knotest du die gleichen Teile wie bei der feststehenden Pose an – also Wirbel, Vorfach und die Bleie. Wirfst du die Laufposenmontage aus, kannst du sehen, wie die Schnur durch die absinkenden Bleie durch das Öhr der Pose gezogen wird. Wenn der Stopperknoten erreicht ist, stellt sich die Pose auf und du kannst mit dem Angeln beginnen.

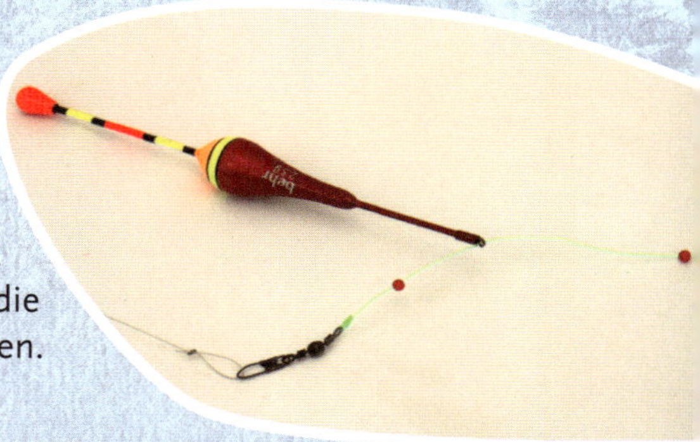

FINNs TIPP!

Das Angeln mit der Laufpose erfordert ein wenig Übung. Am besten ist es, wenn du zunächst Erfahrung in flacheren Gewässern mit der feststehenden Pose sammelst und erst danach dein Glück in tieferen Gewässern versuchst. Richtig klasse wäre es natürlich, wenn du jemanden fändest, der dir das am Wasser zeigen kann.

Welche Fische kannst du mit der Pose fangen?

Das Beste am Posenangeln ist, dass du alle Fische damit fangen kannst, die in deinem Gewässer vorkommen. Und du kannst alle natürlichen Köder, die es gibt, mit der Pose anbieten. Ob du Maden, Würmer, Angelteig, Mais oder andere Naturköder verwendest, bleibt dir selbst überlassen. In Kapitel „Köder“ findest du die wichtigsten Angelköder.

Achte darauf, dass du dein Angelgerät den Fischen anpasst, die du gerne fangen möchtest. Möchtest du einen dicken Karpfen fangen, solltest du einen kräftigeren Haken und eine etwas dickere Schnur verwenden. Willst du hingegen handlange Rotaugen fangen, solltest du die Montage mit kleinen Haken und einem dünnen Vorfach knoten.

Grundangeln (Friedfische)

Da sehr viele Fische ihre Nahrung überwiegend am Grund aufnehmen, kannst du die Fische auch mit der Grundangel fangen. An einigen Tagen kann es nämlich schwierig sein, mit der Pose zu angeln, weil es zu windig ist, zu viel Strömung herrscht oder du keine Lust hast, die ganze Zeit auf deine Pose zu achten. Das Tolle beim Grundangeln ist, dass du dich nach dem Auswurf auch um andere Sachen kümmern kannst: die Natur beobachten, Hölzer schnitzen oder andere Dinge tun. Und Fische fangen kannst du mit der Grundangel genauso wie mit der Posenangel!

Das Zusammenbauen deiner Grundmontage ist ganz einfach. Du benötigst dafür Grundblei, Wirbel, Vorfach, eine kleine Gummiperle und ein Castingboom.

Fädele einfach deine Hauptschnur zuerst durch das Castingboom, danach durch die Perle und knote dann den Wirbel an. Jetzt hängst du dein Vorfach in den Karabiner deines Wirbels und dein Grundblei in den Karabiner des Castingbooms – fertig ist deine Grundangelmontage und das Angeln kann losgehen!

Schon gewusst?

Du fragst dich wahrscheinlich, wofür du die Perle und das Castingboom benötigst. Die Antwort ist einfach: Die Perle dient dazu, den Knoten am Wirbel zu schützen, weil sonst das Blei bei jedem Auswurf auf den Knoten schlägt und der Knoten dabei beschädigt werden kann. Das Castingboom erleichtert es dem Fisch, beim Anbiss an der Schnur zu ziehen, weil sie besser durch das Röhrchen als durch die kleine Öse im Blei gezogen werden kann. Außerdem verheddert sich damit deine Schnur nicht so leicht beim Auswurf. Kleine Dinge haben manchmal eine große Wirkung.

Welchen Köder du verwendest, bleibt dir überlassen. Du solltest aber auch beim Grundangeln darauf achten, dass Köder und Hakengröße zusammenpassen. Verwendest du einen größeren Rotwurm, sollte dein Haken nicht zu klein sein. Und andersherum: Wenn du mit drei kleinen Maden angeln möchtest, darfst du auch nur einen kleinen Haken verwenden.

Abgelegt

Hast du dich für eine Angelstelle entschieden, benötigst du zwei Rutenständer, in die du deine Angel nach dem Auswurf ablegen kannst. Beim Grundangeln kannst du nämlich Fische fangen, ohne die ganze Zeit die Angel in der Hand halten zu müssen. Wenn du noch keine Rutenständer hast, kannst du dir auch zwei Astgabeln suchen und mit deinem Messer zurechtschnitzen (siehe S. 17).

Stecke deine Rutenhalter so am Ufer in die Erde, dass die Spitze deiner Angel genau zum ausgeworfenen Köder zeigt, wenn du die Rute abgelegt hast.

Nach dem Auswurf musst du die lockere Schnur einkurbeln und erst dann die Rute ablegen. Wenn du damit fertig bist, darfst du nicht vergessen, den Bügel deiner Rolle zu öffnen, damit ein beißender Fisch Schnur abziehen kann, ohne Verdacht zu schöpfen. Das Gewicht deines Grundbleies darf der Fisch natürlich auch nicht spüren, denn sonst würde er deinen Köder schnell wieder fallen lassen. Da deine Hauptschnur durch das Röhrchen des Castingbooms läuft, kann der Fisch frei Schnur abziehen, während das Blei auf der Stelle liegen bleibt.

Hole deine Montage deshalb lieber wieder zur Kontrolle ein, wenn du das Gefühl hast, dass sie sich beim Auswurf verheddert hat!

Extra-Tipp

Das Gewicht deines Grundbleies hängt davon ab, wie weit du werfen möchtest und wie viel Strömung in deinem Gewässer ist. Wenn du auf kurze Entfernung angelst, reicht meist ein etwa 10 g schweres Blei aus. Willst du weiter werfen oder in einem kleinen Flüsschen angeln, musst du ein entsprechend schwereres Blei verwenden.

Den Biss erkennen

Ob ein Fisch deinen Köder genommen hat und daran zupft, erkennst du daran, dass deine Schnur zu wackeln beginnt. Größere Fische nehmen den Köder ins Maul und schwimmen damit weiter – dann wird sogar Schnur von deiner Rolle gezogen. In diesem Fall solltest du sofort den Bügel schließen und einen kräftigen Anhieb setzen.

Bei leichten Zupfern an deiner Schnur musst du dich von deinem Gefühl leiten lassen, wann der richtige Zeitpunkt für einen Anschlag gekommen ist. Bei ganz kleinen Ködern wie Maden, kleinen Würmern oder einem einzelnen Maiskorn kannst du sofort anschlagen; bei größeren Ködern solltest du dir einen kurzen Moment Zeit lassen.

FINNs TIPP!

Wenn du dich beim Grundangeln nebenbei um andere Dinge kümmern möchtest, lege einfach ein Geldstück, eine Schraube oder einen anderen Gegenstand auf die Spule deiner Rolle und lege den Deckel eines Eimers oder eine Blechdose darunter. Wenn ein Fisch an der Schnur zieht, fällt das Geldstück mit einem „Klack" auf den Eimerdeckel und du weißt, dass du einen Biss hast.

Ganz modern sind elektronische Bissanzeiger, die dir einen Biss mit einem lauten Piepen und einer kleinen blinkenden Lampe anzeigen. Diese Geräte sind nicht ganz billig, aber vielleicht kannst du dir ja zum Geburtstag oder Weihnachten solch ein Gerät wünschen, wenn du Spaß am Grundangeln gefunden hast.

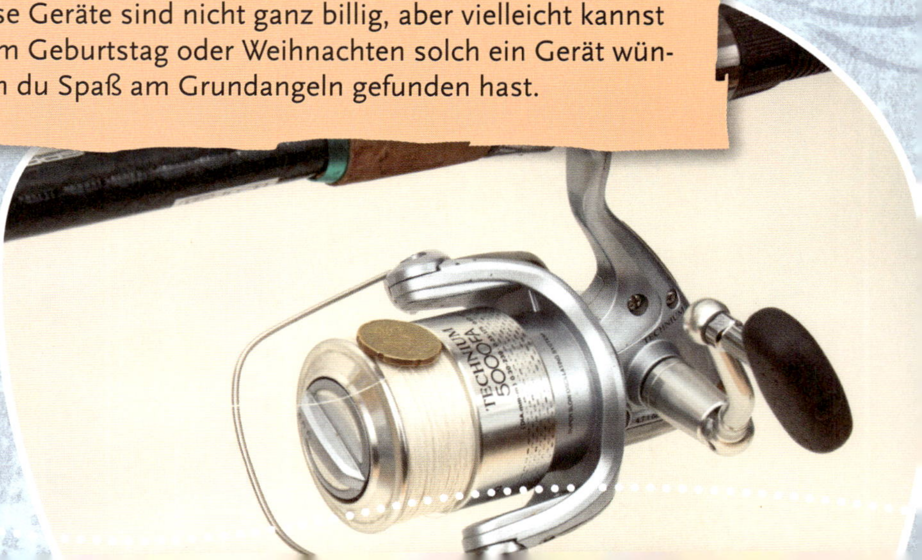

Angelockt

Man kann es sich gar nicht vorstellen, aber Fische können deutlich besser riechen als der Mensch. Und das unter Wasser! Gut zu wissen, denn dadurch ist es dir möglich, Fische anzulocken. Im Kapitel „Angelköder" ist beschrieben, wie du dir aus Paniermehl und Wasser ein günstiges, aber gutes Lockfutter anrühren kannst. Wenn du es zu kleinen Bällen knetest und auf deine Angelstelle wirfst, werden sicherlich bald ein paar Fische neugierig und kommen an deinen Angelplatz.

Für das Grundangeln gibt es aber noch eine weitere unschlagbare Methode, die Fische zu deinem Haken zu locken: Verwende einfach statt deines Grundbleies einen Futterkorb. Diese gibt es für 1-2 Euro im Angelgeschäft zu kaufen. Zu große und schwere Modelle solltest du nicht verwenden, weil deine Rute dafür nicht so gut geeignet ist.

Drücke einfach eine Hand voll Grundfutter leicht in das Körbchen hinein und werfe die Montage auf deinen Angelplatz. Der Vorteil daran ist, dass immer eine kleine Menge gut riechendem Grundfutter direkt neben deinem Haken liegt. Daran kann kein Fisch vorbeischwimmen – probier es aus!

Kunstköderangeln (Raubfische)

Richtig spannend wird das Angeln, wenn du mit Kunstködern die Unterwasserräuber deines Angelgewässers aufspüren möchtest. Beim Angeln mit Pose oder Grundblei suchst du dir einen Angelplatz, wirfst die Rute aus und wartest, dass ein Fisch vorbeikommt und deinen Köder nimmt. Fast so wie ein Fallensteller, der darauf lauert, dass seine Beute einen Fehler macht und in die Falle tappt.

Beim Kunstköderangeln bist du dagegen sehr viel aktiver, suchst und wanderst das ganze Gewässer ab, bis du einen Fisch gefunden hast. In diesem Fall bist du eher ein jagender Indianer, auf der Suche nach Beute. Nicht mit Pfeil und Bogen, sondern mit Rute und Rolle.

Suchen und Fangen

Da Kunstköder aus Plastik, Holz und Metall niemals einen Fisch fangen werden, wenn sie leblos im Wasser liegen, musst du ihnen mit deiner Rute Leben einhauchen. Das Ziel ist, den Köder so zu bewegen, dass er wie ein krankes Fischchen aussieht und die Raubfische ihn für eine leichte Beute halten. Wie das bei den unterschiedlichen Ködern geht, erfährst du weiter unten.

Wenn du dich für eine Angelstelle entschieden hast, musst du den Bereich um dich herum nach Raubfischen absuchen. Dies machst du, indem du deinen Köder in alle Richtungen wirfst und wieder einholst. Wenn du deinen Köder durch jeden Bereich einige Male durchgezogen und keinen Biss bekommen hast, suchst du dir einen neuen Angelplatz. Dies machst du solange, bis ein Fisch anbeißt.

FINNs TIPP!

Um deinen Angelplatz möglichst erfolgreich nach Raubfischen abzusuchen, wirfst du deinen Köder am besten fächerförmig nacheinander ins Wasser. Beginne auf einer Seite und arbeite dich immer weiter zur anderen Seite durch, bis dein Köder den gesamten Angelplatz abgesucht hat. Wenn sich irgendwo ein hungriger Raubfisch aufhält, wirst du ihn fangen!

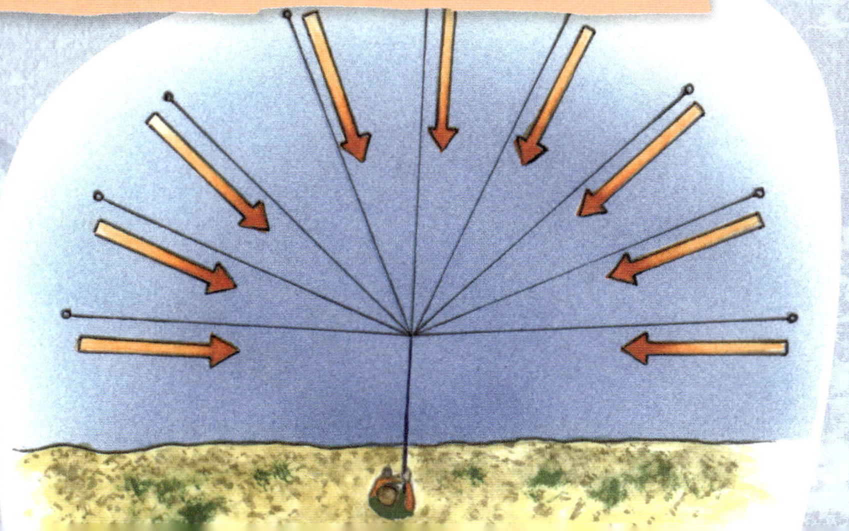

Der Biss

Der Anbiss eines Raubfisches ist oft nur ganz fein in der Angel zu spüren. Erstaunlich, wenn man bedenkt, dass Hecht, Barsch, Zander & Co. blitzschnell zupacken können und trotzdem so feinfühlig vorgehen. Immer dann, wenn du ein kleines Ruckeln oder einen feinen Schlag in deiner Rute spürst, könnte das ein Anbiss sein. Du musst jetzt sofort kräftig anschlagen, damit der Haken im Maul des Raubfisches hängen bleibt.

Die richtige Führung der Kunstköder

Am einfachsten sind **Spinner** zu führen, da sie (fast) von alleine in Bewegung geraten. Der Name dieses Köders leitet sich aus dem englischen Wort „to spin" ab und bedeutet soviel wie „drehen". Und genau dies tut der Köder! Sobald du anfängst, den Spinner einzuholen, dreht sich ein kleines Metallplättchen auf einer Achse. Hierbei blinkt und blitzt der Köder verführerisch im Wasser. Außerdem macht der Spinner ganz enorme Druckwellen unter Wasser und reizt dabei das Seitenlinienorgan (siehe Kapitel „Auf Spurensuche am und im Wasser") der Raubfische.

Wirf den Spinner einfach ins Wasser und beginne, ihn gleichmäßig einzuholen. Wenn du damit ein paar Sekunden wartest, nachdem der Köder ins Wasser gefallen ist, läuft er etwas tiefer. Beginnst du sofort mit dem Kurbeln, läuft der Spinner etwas flacher.

Spinner

Je nachdem, welche Fischart du fangen möchtest, solltest du deinen Köder eher in Grundnähe oder in der oberen Wasserschicht anbieten. Zander halten sich die meiste Zeit des Tages am Grund auf, Hechte und Barsche kannst du auch gut etwas weiter oben angeln.

Halte deine Rute beim Angeln mit dem Spinner so, dass die Rutenspitze seitlich neben dich zeigt. Die ausgeworfene Schnur und deine Angel sollten einen rechten Winkel bilden.

Der **Blinker** ist ebenfalls ein Metallköder. Eigentlich ist der Blinker nur ein gebogenes Metallblättchen, an dem ein Haken hängt. Beim Angeln mit dem Blinker musst du ein wenig mit der Rute „arbeiten", damit er im Wasser mit taumelnden Bewegungen einen Raubfisch zum Anbiss überredet. Am besten lässt du den Blinker nach dem Auswurf erst ein wenig im Wasser absinken. Jetzt beginnst du, ihn langsam einzuholen. Dabei machst du gelegentlich eine Pause und lässt ihn wieder für eine Sekunde absinken. Wenn du dann noch mit der Angel ab und zu eine ruckartige Bewegung aus dem Handgelenk machst, bekommt der Blinker einen ungleichmäßigen Lauf. Raubfische können gar nicht anders: Dort müssen sie hinein beißen, weil sie es für einen verletzten Fisch halten! Normalerweise eine leichte Beute – die hier allerdings einen Haken hat! Halte deine Rute beim „Blinkern" so wie beim Angeln mit dem Spinner.

Blinker

Richtig tolle Köder sind **Wobbler**. Dies sind Fischimitationen, die meist aus Kunststoff oder Holz bestehen und echten Fischen oft sehr ähnlich sehen. Sie haben den Vorteil, dass sie nicht schwer zu führen sind und Raubfische trotzdem schnell auf sie hereinfallen. Ihr Nachteil ist der Preis, da sie recht teuer sind.

Wobbler

FINNs TIPP!

Ein einziger Wobbler kostet manchmal mehr als 10 Euro. Oft gibt es im Angelgeschäft aber auch Angebote zu kaufen, die deutlich weniger kosten. Mit ihnen kannst du genauso gut Fische fangen. Frag den Händler im Angelgeschäft danach, er hat bestimmt auch ein günstiges Modell für dich da.

Ob ein **Wobbler** eher tief oder flach läuft, erkennst du an seiner Tauchschaufel, die wie eine riesengroße Lippe vom Kopf absteht. Je kleiner die Tauchschaufel ist und je weiter sie nach unten zeigt, desto flacher schwimmt der Wobbler beim Einholen. Ein Wobbler mit einer großen, nach vorne stehenden Tauchschaufel läuft manchmal mehrere Meter tief. Dies kommt daher, dass das Wasser beim Einholen gegen die Schaufel drückt und den Köder damit weit nach unten treibt. Auch wenn du ihn gleichmäßig einkurbelst, beginnt der Wobbler wild hin und her zu wackeln. Machst du nun noch gelegentlich einige ruckartige Bewegungen aus dem Handgelenk, springt der Wobbler unter Wasser. Das ist für Raubfische oft ein unwiderstehliches Signal zum Anbeißen. Manchmal mögen sie es aber auch, wenn der Wobbler für kurze Zeit im Wasser stehen bleibt. Echte Fische schwimmen ja auch nicht die ganze Zeit schnurstracks durchs Wasser, sondern legen ab und zu Schwimmpausen ein. Und das willst du ja: echte Fische nachmachen!

Für das Fischen mit dem Wobbler hältst du ebenfalls die Angel seitlich zum Wasser.

Ein wenig Übung benötigst du für das Angeln mit **Gummiködern**. Diese Weichgummiköder gibt es in vielen verschiedenen Formen und Farben. Der Köder wird auf einen Spezialhaken mit einem Bleikopf geschoben. Je tiefer das Gewässer ist und je mehr Strömung herrscht, desto schwerer muss der Bleikopf sein. Lass dich im Angelgeschäft beraten, welche Köder am besten zu welchen Haken passen. Du kannst den Gummiköder einfach auswerfen und einholen und kannst so deine Fische fangen. Der wackelnde Schwanz reizt alle Raubfische. Am erfolgreichsten ist es allerdings, den Köder auf den Grund sinken zu lassen und dort zupfend anzubieten. Dort unten ist er unschlagbar, wenn du so vorgehst:

Du lässt den Köder an gespannter Schnur zu Boden sinken und beobachtest dabei die Schnur aufmerksam. In dem Moment, in dem der Köder mit dem Bleikopf am Boden aufgekommen ist, fällt die Schnur in sich zusammen, was du durch ein leichtes Zurückfedern in der Rutenspitze erkennen kannst. Jetzt zupfst du den Köder leicht an und holst sofort die gewonnene Schnur durch zwei oder drei Kurbelumdrehungen ein. Nun lässt du den Köder wieder zu Grund sinken. Wieder beobachtest du die Schnur und beginnst mit einer neuen Zupfbewegung, wenn die Schnur wieder zusammenfällt.

Die Rutenspitze muss hierbei immer direkt zum Köder zeigen! Fast alle Bisse wirst du bekommen, während der Gummiköder gerade wieder zu Boden sinkt. Dies merkst du durch ein scharfes Zucken in der Schnur.

Diese Methode kannst du allerdings nur anwenden, wenn am Grund keine Hindernisse liegen, in denen sich der Köder verfangen kann. Nach ein bisschen Übung hast du den Dreh ganz sicher schnell raus, wie das mit der Köderführung funktioniert.

Hier nun noch einige Dinge, auf die du achten solltest, wenn du mit Kunstködern angelst.

- ☑ Hast du immer wieder Kraut und Schmutz am Haken, läuft dein Köder zu tief am Grund. Verwende einen anderen Köder oder führe deinen Köder etwas flacher.
- ☑ Verwende beim Raubfischangeln ein Stahlvorfach, wenn Hechte im Gewässer vorkommen. Hechte haben sehr viele scharfe Zähne und können eine normale Angelschnur mit einem Biss durchbeißen. Ansonsten brauchst du nur einen Wirbel an deine Hauptschnur knoten, in den du deinen Köder einhängen kannst.
- ☑ Kunstköder haben meist einen oder mehrere Drillingshaken, an denen du dich verletzen kannst. Gehe immer sorgsam und vorsichtig mit den Ködern um und achte darauf, dass du beim Auswurf niemanden verletzt.
- ☑ Deine Angel ist nur für kleine und mittlere Köder geeignet. Beachte dabei das Wurfgewicht deiner Rute. Dies sollte nicht überschritten werden.
- ☑ Fische sind oft faul. Führe deine Kunstköder deshalb langsam und gemächlich durchs Wasser.
- ☑ Kunstköder gibt es in allen Farben zu kaufen. Welche Farbe die Fische am liebsten mögen, kann man nicht voraussagen. Probiere einfach ein wenig mit den Farben herum und finde deinen Lieblingsköder selbst heraus.
- ☑ Beobachte deinen Köder im flachen Wasser und probiere mit deiner Angel aus, wie er sich unter Wasser verhält.
- ☑ Du kannst mit den verschiedenen Kunstködern alle Raubfische fangen – egal, ob Hecht, Zander, Barsch, Wels, Forelle oder andere Räuber. Du musst lediglich die Ködergröße an die Fischart anpassen. Verwende kleine Köder für Barsche und Forellen, mittlere für Zander und die größeren für Hechte und andere große Raubfische.

GET IN TOUCH WITH THE

Angelknoten

Wenn du einen Fisch an der Angel hast, bist du mit ihm nur über deine Angelschnur verbunden. Je schwächer die Angelschnur, desto eher kann ein großer Fisch sie durchreißen und verloren gehen. Wie viel Kilogramm eine Schnur tragen kann, bevor sie reißt, steht auf der Spule deiner Schnur und wird als Tragkraft bezeichnet. Durch jeden Knoten in deiner Schnur, wird sie jedoch geschwächt.

Zum Glück gibt es eine ganze Reihe Knoten, mit denen deine Schnur kaum schwächer wird und fast die ganze Tragkraft erhalten bleibt. Wichtig ist, dass du die Knoten sorgfältig bindest! Solltest du bemerken, dass dir ein Knoten nicht ganz so gut gelungen ist, dann schneide ihn sofort ab und knote ihn neu. Es wäre ärgerlich, einen Fisch zu verlieren, weil der Knoten nicht gehalten hat.

Mach den Test:
Schneide ein etwa 1 m langes Stück deiner Angelschnur ab und mache in der Mitte einen einfachen Knoten in die Schnur. Bitte einen Freund oder deine Eltern, an einem Ende der Schnur zu ziehen und ziehe selbst kräftig an dem anderen Ende der Schnur, bis sie durchreißt. Schau dir dann an, an welcher Stelle die Schnur gerissen ist: Die Schnur wird immer an dem Knoten reißen, weil dies die schwächste Stelle ist!

Extra-Tipp

Jeden Knoten solltest du vor dem Zusammenziehen ein wenig (mit Spucke) befeuchten. Dadurch wird die Schnur nicht beschädigt und der Knoten wird verlässlich halten.

FINNs TIPP!

Knotenwettbewerbe! Wenn du dir die Zeichnungen der Knoten ansiehst, wirkt das Ganze auf den ersten Blick etwas kompliziert. Wenn du aber erstmal ein bisschen das Knotenbinden geübt hast, wird es dir immer leichter fallen. Irgendwann dauert es nur noch ein paar Sekunden, bis du einen Knoten fertig gebunden hast.

Veranstalte mit deinen Freunden kleine Knotenwettbewerbe, wenn das Wetter zum Angeln zu schlecht ist oder ihr aus anderen Gründen gerade nicht am Wasser sein könnt.

Schreibt dazu die Namen der Knoten auf kleine Zettel und faltet sie zusammen. Jetzt vermischt ihr sie auf dem Tisch. Einer von euch zieht nun einen Zettel heraus und liest laut den Knotennamen vor. Nun müssen alle mit dem Knoten beginnen. Wer zuerst fertig ist, hat gewonnen. Prüft dabei aber auch, ob der Knoten gut hält – nur wenn der Knoten bei kräftigem Ziehen hält, gilt die Runde als gewonnen.

Clinch-Knoten

Er ist einer der wichtigsten Knoten, wenn du Zubehörteile anknoten möchtest, die ein Öhr haben (z.B. Wirbel, Kunstköder usw.). Die Tragkraft der Schnur bleibt etwa zu 90% erhalten.

Palomar-Knoten

Diesen Knoten kannst du ebenfalls verwenden, um Montageteile mit Öhr anzuknoten. Bei sehr kleinen Öhröffnungen funktioniert das manchmal nur schwer, weil die Schnur doppelt durchgefädelt werden muss. Die Tragkraft bleibt fast zu 100% erhalten.

Chirurgen-Knoten / Schlaufenverbindung

Dieser Knoten ist einfach zu binden und dient dazu, eine Schlaufe herzustellen. Die Tragkraft kann bis zu 95% erhalten bleiben, wenn der Knoten sauber gebunden wird. Hast du zwei Schnurenden mit einer Schlaufe, kannst du beide Schnüre durch die Schlaufenverbindung ganz hervorragend miteinander verbinden.

Doppelter Grinner-Knoten

Wenn du zwei Schnüre miteinander verbinden möchtest, kannst du auch diesen Knoten verwenden. Der Vorteil dieses Knotens ist, dass er nach dem Binden viel kleiner als die Schlaufenverbindung ist und dadurch viel besser durch die Ringe deiner Rute gleitet. Diesen Knoten solltest du allerdings fleißig üben, denn er ist nicht ganz unkompliziert.

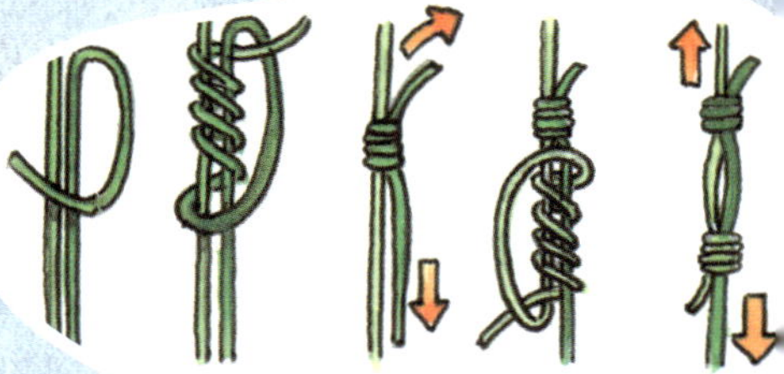

Stopperknoten

Dieser Knoten wird ähnlich wie der doppelte Grinner gebunden. Der Stopperknoten wird auf die Hauptschnur gebunden und dient dazu, frei auf der Schnur gleitende Teile (Laufpose, Blei usw.) am weiteren Durchlaufen zu hindern. Je nachdem, wie fest du ihn zuziehst, kann der Knoten auf der Schnur verschoben werden.

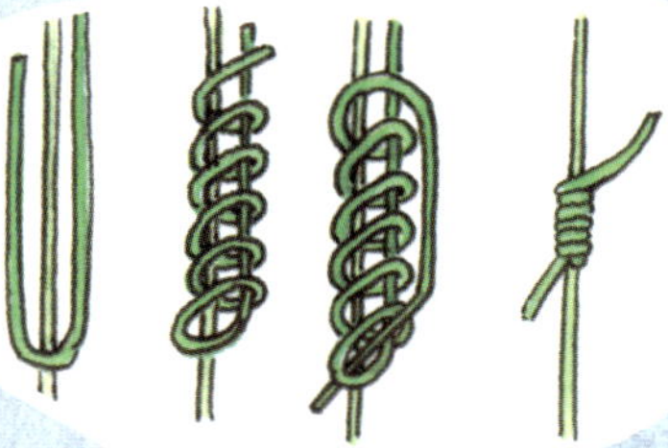

No-Knot Knoten

Er ist ganz leicht zu binden und dient dazu, Haken mit Öhr zuverlässig und schnell an das Vorfach anzuknoten. Nach ein paar Übungen wirst du nur einige Sekunden brauchen, um diesen Knoten zu binden.

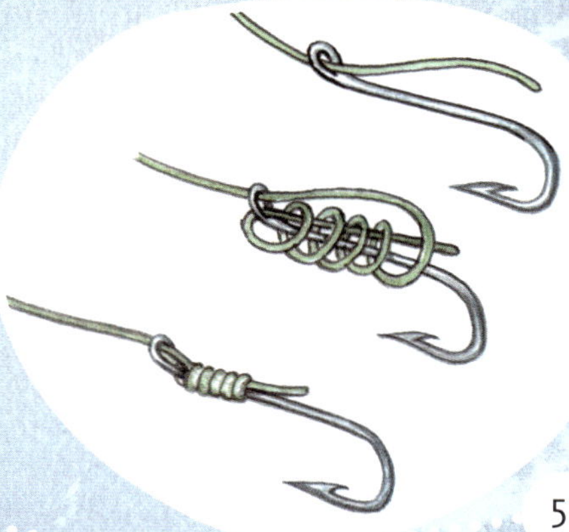

Angelköder

Damit du einen Überblick über die gebräuchlichsten Angelköder bekommst, sind sie hier kurz vorgestellt. Hier kannst du nachlesen, welche Fische du mit welchen Ködern fangen kannst und welche Hakengröße sich für welchen Köder am besten eignet.

Da die Fische aber eigentlich alles fressen, was auch für den Menschen bekömmlich ist, kannst du auch mit vielen anderen Dingen herumexperimentieren. Es wurden schon Fische mit Nudeln, Würstchen, Frühstücksfleisch und anderen Lebensmitteln gefangen. Aber auch in der Natur findest du gute Angelköder: Alle Arten von Insekten und Kleinlebewesen sind es wert, als Köder ausprobiert zu werden.

Tierische Köder

Maden

Fliegenmaden kannst du in jedem Angelgeschäft kaufen. Eine Dose mit Hunderten von Maden kostet etwa 1,50 Euro. Wenn du mit Maden als Köder angelst, solltest du möglichst kleine Haken der Größe 10-16 verwenden. Maden haben ein spitzes und ein dickes Ende. Am dicken Ende befinden sich 2 dunkle Punkte. Stich den Haken kurz unter den beiden Punkten durch die Made. So mögen es die Fische am liebsten. Du kannst ruhig 3-6 Maden auf den Haken stechen. Mit diesem Köder lassen sich alle Friedfische, aber auch Barsche und kleinere Aale fangen.

Madenpuppen

Nach einiger Zeit fangen die Maden an, sich zu verpuppen, damit später einmal Fliegen aus ihnen werden. Erst sind die Puppen weiß dann gelblich bis rot, werden aber immer dunkler und nachher fast schwarz. Diese Puppen sind sehr empfindlich und können schnell kaputtgehen. Wenn du sie vorsichtig auf den Haken stichst, kannst du sehr gut mit ihnen angeln und die gleichen Fische wie mit Maden fangen. Wenn du die Maden gut verschlossen im Kühlschrank aufbewahrst, verpuppen sie sich etwas später.

Tebolarve

Tebolarven sind etwa 2 cm lang und stammen von der Wachsmotte. Du kannst sie ebenfalls im Angelgeschäft kaufen. Da sie größer als Fliegenmaden sind, musst du etwas größere Haken verwenden (Größe 8-12). Mit ihnen solltest du angeln, wenn du etwas größere Friedfische angeln möchtest, wie z.B. Brassen, Döbel, Aland oder Karpfen. Aber auch Barsche lassen sich mit ihnen fangen.

Rotwurm/Laubwurm

Rot- oder Laubwürmer sind zwar ebenfalls im Angelgeschäft erhältlich, du kannst sie aber genauso gut selber sammeln. Du findest sie in Mist- oder Komposthaufen. Sammle sie in einem kleinen Gefäß, das du mit feuchter (nicht nasser!) Erde füllst.

Rotwürmer sind bis ca. 9 cm lang. Biete sie den Fischen an einem Haken der Größe 4-12 an. Du kannst den Wurm ruhig 2-3 Mal durchstechen, damit er gut am Haken hält. Achte darauf, dass du die Angel vorsichtig auswirfst, damit der Wurm den Auswurf übersteht. Mit diesem Köder lassen sich alle Friedfische, aber auch Barsche und Aale fangen.

Mistwurm

Der Mistwurm sieht dem Rotwurm sehr ähnlich, ist aber etwas kleiner und im letzten Drittel seines Körpers gelb gefärbt. Da der Mistwurm stärker riecht als ein Rotwurm, fängst du manchmal etwas besser mit ihm. Ködere ihn genauso wie den Rotwurm auf dem Haken an.

Tauwurm

Der Tauwurm ist der größte Wurm und kann bis zu 30 cm lang werden. In einer feuchten Nacht kannst du ihn auf einer kurz gemähten Wiese mit Hilfe einer Taschenlampe selbst suchen oder du kaufst ihn im Angelgeschäft. Wenn du ihn als ganzen Wurm verwendest, musst du einen Haken der Größe 1-4 anknoten. Du kannst ihn aber auch zerteilen und wie den Rotwurm anködern. Mit dem Tauwurm wirst du alle größeren Friedfische, Barsche und ganz besonders Aale fangen.

Köderfische

Wenn du dir die Fischsteckbriefe (Kapitel „Die wichtigsten Fischarten") ansiehst, kannst du erkennen, dass einige Fische wie z.B. Döbel, Barsch, Aal, Zander usw. gerne kleinere Fische verschlingen. Mit einer ganz feinen Posenmontage kannst du dir kleine Köderfischchen selbst fangen und diese als Köder verwenden. Stich dazu einen Haken der Größe 1/0-2 durch den Schwanz oder den Kopf deines Köderfisches und biete ihn an der Posen- oder Grundmontage an.

Das Verwenden lebender Köderfische ist verboten! Töte deine Köderfische immer so, wie du es in diesem Buch gelernt hast, bevor du sie anköderst.

Pflanzliche Köder

Gemüsemais

Gemüsemais aus der Dose ist ein ganz hervorragender Köder, denn alle Friedfischarten mögen ihn. Das Tolle ist, dass er schnell im Supermarkt zu kaufen ist, in der Dose ewig haltbar bleibt und auch noch sehr günstig ist. Besser geht's gar nicht!

Mais stichst du am besten auf einen Haken der Größe 10-14. Je nachdem, was für Fischgrößen du erwartest, bietest du den Fischen einzelne oder mehrere Körner an. Kontrolliere regelmäßig deinen Angelhaken, ob der Mais noch dranhängt oder schon abgefressen wurde.

Extra-Tipp

Angelteig selbst gemacht!

Einen tollen Angelteig zum Fang aller Friedfische kannst du dir leicht selbst herstellen. Entferne einfach die Rinde von einer Scheibe Brot und tauche sie kurz unter Wasser. Jetzt knetest du das Brot so, dass das überschüssige Wasser zwischen deinen Fingern raustropft. Im Laufe der Zeit wird das Brot immer geschmeidiger. Wenn es zu feucht ist, kannst du ein wenig Paniermehl hinzugeben.

Sobald du aus dem Teig kleine Kügelchen mit den Fingern formen kannst, ist er fertig. Jetzt kannst du ihn als Köder benutzen. Die Hakengröße richtet sich nach der Größe deiner Teigkugel.

Da du ja weißt, dass Fische einen ausgeprägten Sinn für Gerüche haben, kannst du gerne auch Gewürze und Backaromen aus der Küche in den Teig einarbeiten – so nehmen ihn die Fische noch schneller wahr. Der Fantasie sind keine Grenzen gesetzt. Probiere es aus und verwende z.B. Vanillinzucker, Honig, Bittermandelaroma oder Curry zum Verfeinern deines Angelteigs!

Brot/Brötchen

Brot wird schon seit vielen Jahren gerne als Angelköder genommen. Kein Wunder, denn Friedfische sind oft ganz verrückt nach Brot! Am besten wickelst du ein übrig gebliebenes Brötchen oder Brot über Nacht in eine Plastiktüte. Am nächsten Tag ist es gummiartig und zäh. Dadurch hält es gut am Haken. Trotzdem musst du deinen Haken zwischendurch regelmäßig kontrollieren, denn Brot wird schnell von kleineren Fischen vom Haken abgeknabbert. Die Hakengröße richtet sich danach, wie groß dein Stückchen Brot ist, das du als Köder verwendest.

Weizen

Weizen ist ebenfalls sehr günstig und ein guter Köder für Friedfische. Du bekommst ihn kiloweise sehr günstig beim Bauern oder im Tierfutterhandel. Damit du mit ihm angeln kannst, musst du ihn allerdings erst eine Nacht in einem Topf mit Wasser einweichen und dann kochen, bis er aufplatzt. Frage am besten deine Eltern, ob sie dies für dich übernehmen können. Nach dem Kochen kannst du ihn wie Gemüsemais verwenden.

FINNs TIPP!

Um beim Friedfischangeln dem Glück etwas auf die Sprünge zu helfen, kannst du die Fische mit ein wenig Lockfutter an deinen Angelplatz locken. Besorge dir bei deinem Bäcker einfach 1 kg frisches Paniermehl und fülle es in einem Eimer. Jetzt gibst du nach und nach Wasser dazu und verrührst es mit dem Paniermehl. Nimm nicht zuviel Wasser, das Paniermehl soll nur etwas feucht werden. Sobald du kleine Bälle daraus formen kannst, ist es genau richtig. Wenn du diese Futterbälle auf deinen Angelplatz wirfst, sinken sie zu Boden und lösen sich dort langsam auf. Die Fische werden schon bald den Geruch wahrnehmen und neugierig werden. Wenn irgendwo dazwischen dein Hakenköder liegt, wirst du sehr schnell einen Biss bekommen.

Du kannst dieses Futter auch beim Grundangeln in den Futterkorb einkneten. Im Angelgeschäft gibt es ebenfalls Lockfutter zu kaufen, was zusätzlich mit Geruchsstoffen vermischt wurde. Dies ist aber leider recht teuer und Paniermehl funktioniert ebenso gut.

Auf Spurensuche am und im Wasser

Tiere, die im Wald oder auf dem Feld leben, hinterlassen Spuren, die man mit ein wenig Erfahrung erkennen und „lesen" kann. Auf diese Weise kann man Hasen, Rehe oder Füchse ausfindig machen. Wusstest du, dass auch Fische Spuren im Wasser hinterlassen können? Und dass es möglich ist, ihren Lieblingsorten im Gewässer auf die Spur zu kommen – mit Hilfe der Wasser- und Uferpflanzen und anhand der Gewässerform?

Eigentlich ist dies der spannendste Teil beim Angeln, denn wenn du mehrere Beobachtungen gut miteinander kombinierst, kannst du die Fische in deinem Gewässer finden und wirst sicherlich schon bald einen wild zappelnden Burschen an der Angel haben.

Schleichen wie ein Indianer

Am Einfachsten ist dies natürlich, wenn du die Fische im Wasser sehen kannst. Da Fische aber meistens sehr scheu sind, kommt dies nur selten vor. Denn viel lieber verstecken sie sich irgendwo im tieferen Wasser oder an anderen Orten, wo man sie nicht gleich entdecken kann.

Und wenn sie sich doch einmal dicht am Ufer – in Reichweite deiner Angel – aufhalten, bemerken sie dich oft viel schneller als du sie. Hierbei hilft ihnen ihr Seitenlinienorgan, mit dem sie feinste Schwingungen im Wasser spüren können und dadurch wissen, ob Gefahr für sie droht. Deshalb solltest du beim Angeln unbedingt darauf achten, nicht allzu stark mit den Füßen aufzutreten. Die feinen Erschütterungen, die dabei entstehen, werden auf das Wasser übertragen. Wenn die Fische das spüren, schwimmen sie sofort davon. Stell dir diese Erschütterungen wie die Wellen vor, die entstehen, wenn du einen kleinen Stein ins Wasser wirfst. Auch wenn der Stein nur so groß wie dein Fingernagel ist, tragen sich die entstandenen Wellen einige Meter weit fort. Genauso werden auch die Erschütterungen vom Auftreten in das Wasser übertragen.

Achte also darauf, dass du dich beim Angeln so leise und unauffällig wie ein schleichender Indianer am Ufer bewegst. Du solltest dir Mühe geben, nicht so viele hektische Bewegungen zu machen.

Schon gewusst?

Das **Seitenlinienorgan** ist ein Ferntastsinn bei Fischen. Bei vielen Fischen kannst du das Seitenlinienorgan mit dem bloßen Auge erkennen, da es eine Linie über beide Flanken des Fisches bildet. In Wirklichkeit handelt es sich um eine Porenreihe. Jede dieser Poren ist mit einem kleinen Kanal verbunden, der mit einer schleimigen Masse gefüllt ist. Diese Masse reagiert sehr empfindlich auf feinste Wasserdruckwellen und Strömungsänderungen, wenn z.B. ein Hindernis im Wasser liegt oder ein Feind im Anmarsch ist. Dadurch finden sich die Fische auch dann unter Wasser zurecht, wenn es stockdunkel ist. Genial, oder?

Aufgespürt

Wenn du Fische im Wasser ausgemacht hast und sie sehen kannst, brauchst du nur noch einen Köder auf den Haken spießen, der von dem jeweiligen Fisch am liebsten gefressen wird. Wenn der Fisch Hunger hat, wirst du ihn mit ein wenig Glück gleich fangen können.

Leider kommt es aber ziemlich selten vor, die Fische tatsächlich sehen zu können. Zum Glück hinterlassen einige Fische aber manchmal Spuren an der Wasseroberfläche. Wenn du diese entdeckst, hat sich der Fisch verraten. Hier musst du dann die Angel auswerfen.

Einige Fische wie z.B. Karpfen, Schleien oder Brassen lieben es, mit ihrem Maul am Grund des Gewässers herumzuwühlen, um nach Nahrung zu suchen. Dort finden sie nämlich kleine Schnecken, Muscheln, Würmer und andere Kleinlebewesen, die sich im Bodenschlamm wohl fühlen. Das Herumwühlen der Fische nennt man übrigens gründeln. Wenn die Fische dies tun, steigen fast immer kleine Luftblasen an die Wasseroberfläche. Je mehr die Fische im Bodenschlamm wühlen, desto mehr und größere Blasen steigen nach oben. Manchmal kann man sogar die Zugrichtung der Fische ausmachen, weil die hochsteigenden Luftblasen an der Wasseroberfläche in eine bestimmte Richtung entlang wandern. Überlege dir, wohin der Fisch schwimmt und werfe deinen Köder dort hin. Es dauert sicherlich nicht lange, bis er anbeißen wird.

Andere Fische, die sich nicht so gerne am Grund des Gewässers aufhalten, verraten sich oft durch kleine, unscheinbare Ringe, die sich an der Wasseroberfläche bilden. Rotaugen, Rotfedern oder kleine Lauben halten sich im Sommer mit Vorliebe in den oberen Wasserschichten auf, weil sie dort klitzekleine, im Wasser treibende Nahrung finden. Immer wieder kommen die Fische dabei bis an die Oberfläche, wodurch diese ganz unruhig wird. Da diese Fische fast immer in Schwärmen zusammenstehen, kann es sein, dass die Wasseroberfläche so aufgewühlt wird wie kochendes Wasser im Kochtopf. Wenn du hier eine ganz feine, flach eingestellte Posenmontage mit einem kleinen Haken und Köder hineinwirfst, kannst du manchmal sehr viele Fische hintereinander fangen. Diese Fische sind meistens kaum größer als deine Hand, aber es macht großen Spaß, die Fische wie am Fließband zu fangen.

Große Fische sind vorsichtiger

Große Fische sind sehr erfahren, verhalten sich unauffälliger und sind nicht so leicht zu entdecken. Allerdings sind auch sie manchmal unachtsam: Karpfen z.B. lieben es, sich im Frühjahr und Sommer an der Wasseroberfläche die Sonne auf den Buckel scheinen zu lassen. Sie schwimmen dann ganz gemächlich im Zeitlupentempo dicht unter der Wasseroberfläche, wo du sie sehen kannst. Meistens sind sie nicht hungrig, wenn sie dieses Verhalten haben, trotzdem kannst du einen Versuch wagen und ihnen einen Köder anbieten, vielleicht schnappen sie ja trotzdem zu.

Lautstark geht es dagegen beim Hecht zu, wenn er auf Beutezüge geht und kleinere Fische jagt. Der Hecht ist ein Lauerräuber und versteckt sich fast den ganzen Tag bewegungslos zwischen Seerosen, Schilf oder anderen Wasserpflanzen. Wenn er hungrig ist und ein unvorsichtiger kleinerer Fisch an seinem Platz vorbeikommt, schießt er raketenschnell, mit weit aufgerissenem Maul auf sein Opfer zu und umschließt es mit seinen vielen Zähnen. Dies geht natürlich nicht geräuschlos vonstatten, sondern mit einem lauten Getöse und viel spritzendem Wasser.

Schon gewusst?

Manchmal schleichen sich Hechte an Fischschwärme heran und stoßen von unten in diesen Schwarm hinein, um sich ein Festmahl zu gönnen. Dies erkennst du daran, dass plötzlich viele Kleinfische an der Wasseroberfläche aus dem Wasser springen.

Aber auch, wenn du einzelne Kleinfische an der Wasseroberfläche immer wieder wild aus dem Wasser springen siehst, ist ganz bestimmt ein Raubfisch hinter ihnen her.

Immer, wenn du dieses Verhalten beobachtest, solltest du mit einem geeigneten Köder wie z.B. Wobbler, Spinner oder Blinker an dieser Stelle angeln. Vielleicht kannst du ja den jagenden Raubfisch zu einem Anbiss an deinem Köder überreden...

Das Gewässer „lesen“ lernen

Nicht immer machen sich die Fische so eindeutig bemerkbar, dass du sie gleich entdecken kannst. Zum Glück gibt dir die Natur am Gewässer aber eine ganze Reihe Tipps, um die Aufenthaltsorte der Fische zu finden. Denn leider halten sich die Fische in den seltensten Fällen überall im Gewässer verteilt auf.

Fische lieben es, sich im Gewässer zu verstecken. Achte also darauf, ob du irgendwo Seerosen- oder Krautfelder findest. Gut sind auch Schilfbänke, die weit ins Wasser hineinragen. Solche natürlichen Versteckmöglichkeiten nutzen kleinere Fische gerne, um von den größeren Raubfischen nicht gleich entdeckt zu werden. Die Unterwasserpflanzen geben ihnen Schutz und Sicherheit. Außerdem halten sich an den Stängeln und in den Wurzeln auch immer Muscheln, Krebse, Zuckmückenlarven und andere Kleinlebewesen auf, die den Fischen als Nahrung dienen. Der Tisch ist für die Fische an solchen Stellen also immer reichlich gedeckt. Kein Wunder, dass sie sich hier die meiste Zeit des Tages aufhalten.

FINNs TIPP!

Richtig gut sind auch ins Wasser gestürzte Bäume. Diese findest du nicht an jedem Gewässer, aber wenn du solch eine Stelle entdeckst, solltest du dort unbedingt deine Angel auswerfen. Auch hier sammelt sich die natürliche Nahrung der Fische. Die vielen Äste der Bäume, die unter Wasser ein verzweigtes Labyrinth bilden, bieten den Fischen den gleichen Schutz wie andere Unterwasserpflanzen. Wenn du deine Angel am Rand solch eines Baumes auswirfst, musst du allerdings vorsichtig sein, dass ein gehakter Fisch nicht in die Äste flüchtet und sich deine Schnur darin verfängt, denn dann würdest du den Fisch verlieren. Behalte an solchen Stellen immer deine Angel im Auge.

Guten Appetit!

An einigen Seen und Flüssen findest du am Ufer Bäume und Büsche, die zwar nicht ins Wasser gestürzt sind, aber deren Ast- und Blätterwerk weit über das Wasser hinausragen. Dies sind immer gute Stellen zum Angeln, denn hier fallen regelmäßig Raupen und anderes Getier von den Blättern ins Wasser. Dies wissen die Fische instinktiv. Da sie gerne mal eine kleine Abwechslung auf dem Speiseplan mögen, halten sich viele Fische an diesen Stellen auf und warten, dass ein wenig Nahrung ins Wasser fällt. Außerdem haben sie dadurch ein natürliches „Dach über dem Kopf", was ihnen Schutz vor Vögeln wie z.B. dem Graureiher gibt, der sich von kleinen Fischchen ernährt.

Achte darauf, dass du an solchen Stellen vorsichtig auswirfst, damit deine Schnur nicht im Baum landet!

Schon gewusst?

Der Graureiher wird auch Fischreiher genannt und ist ein räuberischer Vogel, der sich von Molchen, Mäusen, Fröschen und ganz besonders von kleinen Fischen ernährt. Er kann knapp 1 m groß werden. Am liebsten steht er auf seinen langen dünnen Beinen bewegungslos am Ufer und starrt ins Wasser. Wenn er ein Beutefischchen ausgemacht hat, sticht er blitzschnell mit dem Schnabel zu und verschlingt seine Beute in einem Stück. Wenn du dich beim Angeln leise verhältst, kannst du ihn manchmal bei der Jagd beobachten. Das ist fast genauso spannend wie angeln!

Frische Nahrung wird auch immer dort ins Wasser gespült, wo du kleine Zuläufe oder Seitenarme an deinem Gewässer findest. Ganz besonders nach starken Regenfällen wird an solchen Stellen viel Wasser ins Gewässer gespült. Häufig werden Regenwürmer, Käfer und andere Insekten mitgerissen. Die Fische brauchen dort also nur ein wenig Geduld haben und im richtigen Moment das Maul aufmachen, wenn wieder neue Nahrung an ihnen vorbeischwimmt. Nutze diese Situation und werfe an solchen Stellen deinen Köder aus.

Extra-Tipp

Wenn du an einem kleinen Fluss oder Bach angelst, solltest du genau auf den Verlauf der Strömung achten. Immer dort, wo der Bach eine Biegung macht, wird in der Außenkurve im Laufe der Zeit der Gewässergrund ausgespült. Hier ist es also tiefer als an anderen Stellen deines Gewässers und es sammelt sich viel natürliche Nahrung, die von der Strömung angetrieben wird. Klar, dass sich die Fische auch hier sehr gern aufhalten.

Es gibt noch viele weitere Anzeichen an deinem Angelgewässer, die darauf hindeuten können, dass sich die Fische dort ganz besonders gerne aufhalten. Versuche auf solche Hinweise, die dir die Natur gibt, bewusst zu achten und wirf dort deine Angel aus – auch wenn du zu solchen Stellen gelegentlich einen kleinen Fußmarsch in Kauf nehmen musst. Bedenke: Du wirst erfolgreicher sein, wenn du eine Stunde an der richtigen, als zwei Stunden an der falschen Stelle angelst.

FINNs TIPP!

Hier noch ein paar Tipps für weitere gute Angelplätze:

- Landzungen, die ins Wasser hineinragen
- Buchten am Gewässerrand
- Plätze, an denen wenig geangelt wird, sind meist besser als die Plätze, an denen du sehr häufig andere Angler siehst
- Inseln sind ebenfalls immer einen Angelversuch wert
- Stege, Bootshäuser oder kleine Häfen sind oft Anziehungspunkte für verschiedene Fischarten
- in Flüssen ruhen sich die Fische gerne in Bereichen aus, wo weniger Strömung herrscht
- hinter Wehren und Schleusen

Drill und Versorgung deines Fanges

Wenn du das Buch bis hierhin gelesen hast, dann weißt du, wie du einen Fisch mit verschiedenen Methoden zu einem Anbiss verlocken kannst. Aber wie geht es weiter, wenn der Fisch erstmal an deiner Angel tobt?

Ob du einen großen oder kleinen Fisch an der Angel hast, bemerkst du ganz schnell. Bei einem kleineren Fisch ist die Angel nicht so doll gekrümmt und du kannst den Fisch ganz einfach an dich heranziehen. Kurbele gefühlvoll und nicht zu hektisch an der Kurbel deiner Angelrolle, bis der Fisch direkt vor dir im Wasser liegt, und hebe ihn dann mit der Angel aus dem Wasser. Ist der Fisch deutlich größer als deine Hand, solltest du deinen Unterfangkescher verwenden, damit der Fisch nicht noch im letzten Moment abreißt. Lege dazu einfach das Netz vor dir ins Wasser und ziehe den Fisch mit der Angel hinein. Im letzten Moment musst du dazu die Angel in die eine und das Netz in die andere Hand nehmen. Befindet sich der Fisch direkt über dem Netz, hebst du dieses an und ziehst den Fisch damit aus dem Wasser heraus. Am Anfang brauchst du ein bisschen Übung dafür, mit der Zeit fällt es dir aber immer leichter.

Schon gewusst?

Kleine Fische solltest du nach dem Fang zügig und vorsichtig ins Wasser zurücksetzen, damit sie noch ein bisschen wachsen und für Nachwuchs sorgen können. Für jedes Gewässer gelten bestimmte Mindestmaße, die für die einzelnen Fische unterschiedlich sind. Diese Mindestmaße stehen auf deiner Angelkarte, die du an fast allen Gewässern benötigst. Es ist verboten, Fische die kleiner als das vorgeschriebene Mindestmaß sind, mit nach Hause zu nehmen und zu essen.

Losgelöst

Das allererste, was du nach dem Fang tun musst, ist den Haken zu lösen. Am besten funktioniert das, wenn der Haken schön weit vorne in der Lippe des Fisches hängt. Greife den Haken einfach mit Daumen und Zeigefinger am längeren Ende (dies ist der Hakenschenkel) und ziehe in vorsichtig, aber mit genügend Kraft entgegengesetzt des Einstiches heraus. Manchmal musst du den Haken dabei ein wenig drehen, damit es gut klappt. Auf keinen Fall darfst du am Haken reißen oder zerren, denn sonst kannst du den Fisch verletzen.

Das Hakenlösen kannst du schon zuhause üben, damit es dir am Wasser nicht mehr so schwer fällt. Stich dazu einfach einen Haken mit der Spitze durch den Rand von einem Blatt Papier. Versuche nun, den Haken herauszuziehen. Wenn du es schaffst, ohne dass das Papier zerreißt, wirst du später den Fischen keinen unnötigen Schaden zufügen.

Jetzt stellst du mit deinem Zentimetermaß die Länge des Fisches fest. Ist der Fisch kleiner als das vorgeschriebene Mindestmaß, musst du den Fisch sofort vorsichtig in das Wasser zurücksetzen. Bitte gehe dabei behutsam vor und werfe den Fisch nicht ins Wasser zurück, denn Fische reagieren sehr empfindlich darauf. Am besten stützt du den Fisch mit deinen Händen im Wasser, bis er von ganz alleine losschwimmt.

Schon gewusst?

Das Schuppenkleid der Fische ist von einer feinen Schleimschicht umgeben, die den Fisch schützend umhüllt. Wenn du Fische mit trockenen Händen oder einem Tuch berührst, wirst du die Schleimschicht zerstören und der Fisch wird anfälliger für Erkrankungen und kann im schlimmsten Fall sogar sterben. Ganz wichtig: Du solltest deshalb Fische immer mit nassen Händen anfassen. Dies schützt ihre Schleimschicht. Bei einigen Fischen wie z.B. beim Aal oder Brassen ist der Schleim sehr ausgeprägt. Nach einem Fang wirst du viel Schleim an deinen Händen haben, den du aber schnell wieder im Wasser abspülen kannst.

Ein dicker Brocken tobt an der Angel

Spannend wird es, wenn du einen richtig dicken Burschen an der Angel hast. Dies wirst du merken, lange bevor du den Fisch das erste Mal zu Gesicht bekommst. Der Fisch zieht und zerrt und schwimmt in alle Richtungen. Vielleicht ist der Fisch sogar so stark, dass er die Schnur von deiner Rolle abziehen kann. Hierfür hast du die Bremse hoffentlich so eingestellt, wie es im Kapitel „Deine Angelausrüstung“ beschrieben ist. Das ist ganz wichtig, denn wenn der Fisch zu groß ist, kann er deine Schnur zerreißen und wäre verloren.

Lass den Fisch ruhig ziehen, wenn die Bremse deiner Rolle knattert. Dies ist sehr anstrengend für den Fisch und es macht ihn müde. Halte dabei immer schön die Angel nach oben, damit der Fisch sie gut biegen kann, denn auch dies ermüdet ihn. Ziehe den Fisch erst an dich heran, wenn du merkst, dass seine Kräfte nachlassen. Wenn der Fisch wieder neue Kräfte sammelt und erneut Schnur von deiner Rolle zieht, verringerst du deinen Druck und wartest darauf, dass er eine neue Pause einlegt, um ihn wieder an dich heranzuziehen.

Am sichersten bekommst du den Fisch näher an dich heran, wenn du beim Ziehen die Angel gleichmäßig nach hinten führst, ohne dabei an der Rolle zu kurbeln. Wenn du jetzt die Rutenspitze zügig in Richtung Wasseroberfläche senkst und dabei rasch die gewonnene Schnur einkurbelst, kannst du wieder neu beginnen, die Angel nach hinten zu ziehen. Dies machst du solange, bis du den Fisch bis vor deine Füße herangezogen hast. Die Angler nennen diesen Vorgang „pumpen". Konzentriere dich dabei immer auf das, was der Fisch macht! Wenn er wieder zu ziehen anfängt, musst du ihn ziehen lassen – ohne selbst zu ziehen. Achte ganz besonders darauf, dass die Schnur hierbei immer schön stramm bleibt, damit der Fisch keine Möglichkeit findet, den Haken wieder loszuwerden.

Angler helfen Anglern

Bei sehr großen Fischen kann es 10, 15 oder sogar 30 Minuten dauern, bis der Fisch soweit ist, dass du ihn in den Kescher lenken kannst. Hierfür schiebst du den Kescher wieder mit einem Arm dem Fisch entgegen, während du in der anderen Hand die Angel hältst. Am sichersten ist es aber, sich hierbei von einem Freund helfen zu lassen. Dann kümmert sich der Eine um die Angel mit dem Fisch und der Andere hält den Kescher bereit. Wenn du alleine bist, aber einen anderen Angler in Reichweite siehst, kannst du diesem auch zurufen, damit er dir hilft. „Angler helfen Anglern" ist ein ungeschriebenes Gesetz am Gewässer! Kein Angler wird dir die Hilfe ausschlagen.

Hast du den Fisch irgendwann endlich im Kescher vor dir liegen, hast du den Drill gewonnen.

FINNs TIPP!

Du solltest den Fisch erst dann in den Kescher ziehen, wenn er völlig ermüdet ist. Dies erkennst du daran, dass er sich auf die Seite legt und sich nicht mehr wehrt. Man sagt: „Der Fisch zeigt weiß“. Dies kommt daher, weil du bei diesem Verhalten seinen weißen Bauch sehen kannst. Wenn du zu früh versuchst den Fisch zu keschern, kann er noch mal seine letzten Kraftreserven mobilisieren und richtig wild werden. Viele Fische gehen in solch einem Moment verloren.

Wenn du dich entscheidest, den Fisch zu töten, weil du ihn essen möchtest, musst du dies unmittelbar nach dem Fang tun. Damit sich der Fisch nicht unnötig quält, entfernst du den Haken erst später. Zunächst musst du ihn durch einem kräftigen Schlag mit deinem Schlagstock betäuben. Hierfür gibst du dem Fisch einen sehr kräftigen Hieb auf die Schädeldecke. Kurz hinter den Augen, in der Mitte des Schädels, sitzt das Gehirn. Hier musst du den Fisch treffen.

Jetzt drehst du den Fisch auf den Rücken und stichst ihm mit dem Messer ins Herz. Dies sitzt auf der weißen Bauchseite in dem Dreieck zwischen den Brustflossen und der Stelle, wo die Kiemendeckel zusammenlaufen. Wenn du das Herz getroffen hast, fließt sofort Blut heraus.

Das Töten des Fisches klingt grausam, gehört aber beim Angeln dazu wie Haken und Schnur. Wenn du das Betäuben und Töten rasch durchführst, dauert es nur wenige Sekunden und lässt den Fisch nicht leiden.

Wenn du den Fisch nicht essen möchtest, solltest du sofort den Haken lösen und ihn wieder ins Wasser zurücksetzen. Es ist ein tolles Gefühl, wenn man den gefangenen Fisch wieder in seine natürliche Umgebung wegschwimmen sieht und weiß, dass er noch lange Zeit weiterleben wird.

FINNs TIPP!

Sollte der Haken einmal so tief im Fischmaul sitzen, dass du ihn mit den Händen nicht mehr erreichst, solltest du deine Zange oder den Hakenlöser zur Hilfe nehmen. Mit der Zange kannst du den Haken gut greifen, mit dem Hakenlöser gehst du folgendermaßen vor: Fädele zunächst die Schnur deines Vorfachs in die Einkerbung des Hakenlösers. Bitte einen Freund, die Schnur straff zu halten. Jetzt gleitest du mit dem Hakenlöser auf der Schnur entlang, bis es nicht mehr weitergeht, weil du den Haken erreicht hast. Nun brauchst du nur noch mit einem kleinen ruckartigen Stoß den Haken aus dem Maul heraustreiben. Der Haken hat sich nun im Hakenlöser verkeilt.

Kaufe dir am besten einen Hakenlöser mit einem Loch am oberen Ende, denn dann kannst du ihn auf ein Stück Schnur ziehen und beim Angeln wie eine Kette um den Hals tragen. So kannst du ihn nicht verlieren und hast ihn immer griffbereit.

Wer angeln möchte, muss die Schulbank drücken

Bedenke beim Angeln bitte immer, dass du es mit Lebewesen zu tun hast, die stets respektvoll behandelt werden müssen. Die Zeit, die die Fische außerhalb des Wassers zubringen, musst du unbedingt so kurz wie möglich halten. Wenn du dich entschließt, den Fisch zu essen, dann versorge und töte ihn möglichst schnell und so, wie es beschrieben wurde.

Für jeden Angler in Deutschland ist aus diesem guten Grunde eine Prüfung vorgeschrieben. In einem Kurs, bei dem es ähnlich wie in der Schule zugeht, lernst du all diese Dinge und musst am Ende des Kurses eine Prüfung schreiben. Wer aufmerksam ist und Interesse am Angeln hat, wird keine Probleme mit dieser Prüfung bekommen. Nur mit dieser Sportfischerprüfung bekommst du in den meisten Bundesländern einen Angelschein ausgestellt. Hierfür musst du – je nach Bundesland – mindestens 8-12 Jahre alt sein. In Begleitung eines erwachsenen Anglers darfst du aber auch schon angeln, bevor du in diesem Alter bist.

Wo und wann Kurse zur Vorbereitung auf die Prüfung in deiner Nähe stattfinden, erfährst du im Angelgeschäft, in Angelzeitschriften und natürlich im Internet (**www.vdsf-fischerjugend.de**). Hier kannst du auch nachlesen, welche Bestimmungen in deinem Bundesland gelten.

Wenn du alleine bist, frage deine Eltern oder einen Bekannten, ob sie dich zum Kurs begleiten. Es gibt sehr viele Eltern, die auf diesem Wege ebenfalls zum Hobby „Angeln“ gekommen sind.

1) Rückenflosse
2) Brustflosse (paarig)
3) Bauchflosse (paarig)
4) Afterflosse
5) Schwanzflosse
6) Barteln (paarig)

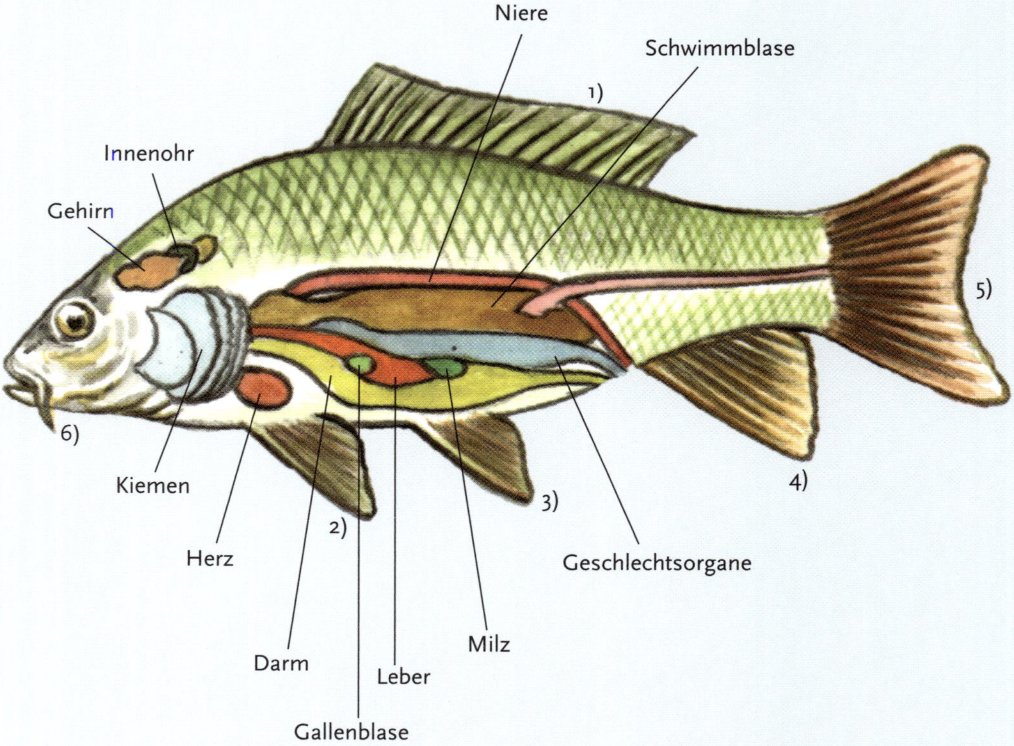

Die wichtigsten Fischarten

Jeder Angler eignet sich im Laufe der Zeit ein großes Wissen über sein Angelgerät, die Natur und natürlich über die verschiedenen Fischarten an. Die wichtigsten Dinge zum Fang und zum Erkennen der einzelnen Fische findest du hier übersichtlich dargestellt. Vieles wirst du auch später in deiner Sportfischerprüfung lernen. Umso besser, wenn du es jetzt schon weißt.

Bei den Fischen, die hier gezeigt werden, handelt es sich um die wichtigsten Fischarten aus dem Süßwasser. Mit diesen Fischen wirst du als junger Angler deine erste Bekanntschaft machen, denn sie kommen in den meisten Gewässern vor. Es gibt noch eine ganze Reihe weiterer Fische, die du fangen kannst, doch die sind seltener anzutreffen oder sehr schwer zu fangen, wie z.B. alle lachsartigen Fische, zu denen Forellen, Saiblinge und Lachse gehören.

Schon gewusst?

Die Fische, die bei uns in den Seen, Teichen und Flüssen leben, werden als Süßwasserfische bezeichnet. Eigentlich nicht richtig, denn „süß" schmeckt dieses Wasser, in dem sie leben, keinesfalls.

Da allerdings das Wasser unserer Meere wie z.B. das der Ost- oder Nordsee salzig ist, wird es als „Salzwasser" bezeichnet. Und da den Leuten kein anderes Wort für das nicht salzige Wasser unserer Seen und Flüsse einfiel, haben sie es „Süßwasser" genannt. Komisch, oder?

Friedfische

Der Name verrät es bereits: Alle Fische, die zur Gruppe der Friedfische gehören, leben in friedlicher Gemeinschaft miteinander. Einige von ihnen mögen zwar auch ganz gerne mal ein kleines Fischchen auf dem Speiseplan, aber meistens ernähren sie sich von kleinen Unterwasserlebewesen wie z.B. Muscheln, Schnecken, Zuckmückenlarven usw.

Da Friedfische nicht auf der Jagd nach anderen Fischen sind, besitzen sie keine Zähne, sondern nur kräftige Lippen, mit denen sie ihre Nahrung aufsammeln oder einsaugen. Um allerdings Schnecken- oder Muschelschalen aufzuknacken, haben Friedfische so genannte Schlundzähne im Rachen. Diese befinden sich an der Stelle, wo bei dir der Kehlkopf sitzt. Ähnlich wie ein Nussknacker, können sie damit härtere Nahrung zerkleinern. Schalenreste und andere nicht verwertbare Dinge werden durch die Kiemendeckel ausgeblasen, der Rest wird hinunter geschluckt.

Aland

maximale Größe/Gewicht:	Länge bis 65 cm, Gewicht bis 3,5 kg
bevorzugte Aufenthaltsgebiete/ Gewässer:	Flüsse, aber auch große Seen (lebt oft in Gruppen)
natürliche Nahrung:	Insektenlarven, Schnecken, Muscheln, kleine Fische
Laichzeit:	April-Juli, je nach Wetter
beste Jahreszeit zum Angeln:	Mai-Oktober
geeignete Angelmethoden:	Posenangel, Grundangel, feine Kunstköderrute
Schnurdurchmesser ca.:	0,16-0,25 mm
Hakengröße ca.:	4-12
Angeltiefe:	alle Wassertiefen – je kälter, desto tiefer
Köder:	Mais, Maden, Würmer, Teig, sehr kleine Kunstköder bis 6 cm
besondere Merkmale:	ähnelt dem Döbel, ist aber weniger plump und etwas hochrückiger; besitzt 53-60 Schuppen entlang der Seitenlinie

Barbe

maximale Größe/Gewicht:	Länge bis 90 cm, Gewicht bis über 8 kg
bevorzugte Aufenthaltsgebiete/ Gewässer:	strömungsreiche Gewässer (lebt oft in Gruppen)
natürliche Nahrung:	Würmer, Larven, Muscheln, Schnecken, gelegentlich kleine Fische
Laichzeit:	Mai-Juli
beste Jahreszeit zum Angeln:	Mai-November
geeignete Angelmethoden:	am besten Grundangel, aber auch Posenangel, mittelstark
Schnurdurchmesser ca.:	0,25-0,30 mm
Hakengröße ca.:	4-10
Angeltiefe:	Grund
Köder:	Würmer, Maden, Käse, Teig, manchmal kleine Köderfischchen
besondere Merkmale:	langer Körper, nach unten stehendes Maul mit dicken Lippen und 4 Barteln

Brassen

maximale Größe/Gewicht:	Länge bis 80 cm, Gewicht bis 8 kg
bevorzugte Aufenthaltsgebiete/	alle stehenden Gewässer, aber auch Flüsse (Schwarmfisch)
natürliche Nahrung:	Würmer, Larven, Muscheln, Schnecken, Bachflohkrebse
Laichzeit:	Mai-Juni
beste Jahreszeit zum Angeln:	April-Oktober
geeignete Angelmethoden:	Posen- und Grundangeln, leicht bis mittelstark
Schnurdurchmesser ca.:	0,18-0,22 mm
Hakengröße ca.:	8-14
Angeltiefe:	Grund
Köder:	Maden, Würmer, Mais, Teig
besondere Merkmale:	sehr hochrückig, vorstülpbares Maul, schleimabsondernd

Döbel

maximale Größe/Gewicht:	Länge bis 65 cm, Gewicht bis ca. 4 kg
bevorzugte Aufenthaltsgebiete/ Gewässer:	fließendes Wasser, aber auch Seen
natürliche Nahrung:	Insekten, Larven, Muscheln, kleine Fischchen (Allesfresser)
Laichzeit:	April-Juni, je nach Wetter
beste Jahreszeit zum Angeln:	Mai-November, aber auch im Winter
geeignete Angelmethoden:	Posen- und Grundangeln, leicht bis mittelstark, feine Kunstköderrute
Schnurdurchmesser ca.:	0,22-0,25 mm
Hakengröße ca.:	4-10
Angeltiefe:	alle Wassertiefen – je kälter, desto tiefer
Köder:	Würmer, Früchte (Kirschen), kleine Köderfisch-chen, kleine Kunstköder ca. 5-8 cm
besondere Merkmale:	ähnelt dem Aland, ist aber plumper und kräftiger; besitzt 44-46 Schuppen entlang der Seitenlinie

Rotfeder

maximale Größe/Gewicht:	Länge bis 50 cm, Gewicht bis ca. 2,5 kg
bevorzugte Aufenthaltsgebiete/ Gewässer:	stehende Gewässer, aber auch langsam fließende Flüsse (Schwarmfisch)
natürliche Nahrung:	Algen, Wasserpflanzen, Insekten
Laichzeit:	April-Juni
beste Jahreszeit zum Angeln:	Mai-Oktober
geeignete Angelmethoden:	feine Posen- und Grundangel
Schnurdurchmesser ca.:	0,16 mm
Hakengröße ca.:	12-16
Angeltiefe:	fast immer Mittelwasser und Oberfläche
Köder:	Maden, kleine Würmer, Mais, Teig, Brot
besondere Merkmale:	nach oben stehendes Maul, blutrote Flossen, oft golden schimmernder Körper

Karpfen

maximale Größe/Gewicht:	Länge bis über 100 cm, Gewicht bis ca. 40 kg
bevorzugte Aufenthaltsgebiete/ Gewässer:	stehende Gewässer, aber auch langsam fließende Flüsse (lebt oft in Gruppen)
natürliche Nahrung:	Schnecken, Krebse, Muscheln, Larven
Laichzeit:	Mai-Juli
beste Jahreszeit zum Angeln:	Mai-September
geeignete Angelmethoden:	Posen- und Grundangel, mittlere-kräftige Ausführung
Schnurdurchmesser ca.:	0,25-0,35 mm (je nach zu erwartender Fischgröße)
Hakengröße ca.:	1-10 (je nach zu erwartender Fischgröße)
Angeltiefe:	fast immer Grund, im Frühling/Sommer gelegentlich Oberfläche
Köder:	Mais, Maden, Würmer, Teig, Brot
besondere Merkmale:	es gibt verschiedene Karpfenformen: Schuppenkarpfen (vollständig beschuppt), Spiegelkarpfen (unregelmäßig beschuppt), Zeilenkarpfen (eine Schuppenreihe entlang der Seitenlinie) und Lederkarpfen (ohne Schuppen); meist wiegen sie 1-5 kg, größere Exemplare können bis 40 kg wiegen; sehr scheuer Fisch

Rotauge

maximale Größe/Gewicht:	Länge bis 45 cm, Gewicht bis ca. 2 kg
bevorzugte Aufenthaltsgebiete/ Gewässer:	stehende Gewässer, aber auch langsam fließende Flüsse (Schwarmfisch)
natürliche Nahrung:	Kleinlebewesen (Larven, Schnecken, Würmer, Bachflohkrebse)
Laichzeit:	April-Juni
beste Jahreszeit zum Angeln:	Mai-Oktober, aber auch im Winter
geeignete Angelmethoden:	eine Posen- und Grundangel
Schnurdurchmesser ca.:	0,16 mm
Hakengröße ca.:	12-16
Angeltiefe:	alle Wassertiefen, aber eher Mittelwasser und Oberfläche
Köder:	Maden, kleine Würmer, Mais, Teig, Brot
besondere Merkmale:	rot gefärbtes Auge, blutrote Flossen

Schleie

maximale Größe/Gewicht:	Länge bis ca. 65 cm, Gewicht bis 7 kg
bevorzugte Aufenthaltsgebiete/ Gewässer:	stehende Gewässer, nicht zu tief, gerne reich bewachsen (lebt oft in Gruppen)
natürliche Nahrung:	Kleinlebewesen (Larven, Schnecken, Würmer, Bachflohkrebse)
Laichzeit:	Mai-Juni, gelegentlich später
beste Jahreszeit zum Angeln:	April-September
geeignete Angelmethoden:	leichte Posen- oder Grundangel
Schnurdurchmesser ca.:	0,18-0,22mm
Hakengröße ca.:	8-12
Angeltiefe:	Grund
Köder:	Würmer, Maden, Mais, Teig
besondere Merkmale:	grünlich schimmernd, 2 Barteln in den Maulwinkeln, sehr scheuer Fisch

Raubfische

Raubfische ernähren sich überwiegend von anderen Fischen im Gewässer, fressen aber auch ganz gerne mal andere Lebewesen, die sich im Wasser aufhalten wie z.B. Krebse oder Frösche. Hecht und Zander besitzen spitze und scharfe Zähne. Barsch, Aal und Wels haben dagegen nur sehr kleine Zähnchen, die sich etwas rau anfühlen. Die Zähne dienen den Raubfischen nur dazu, ihre Beute besser festhalten zu können. Zerkaut wird die Nahrung nicht, sondern immer in einem Stück hinuntergeschlungen.

Der Rapfen nimmt bei den Raubfischen eine Sonderstellung ein, weil er keine Zähne hat und sehr schnell mit einigen Friedfischen wie z.B. dem Aland zu verwechseln ist. Trotzdem ernährt er sich räuberisch.

Aal

maximale Größe/Gewicht:	Länge bis über 100 cm, Gewicht bis ca. 6 kg
bevorzugte Aufenthaltsgebiete/ Gewässer:	alle Gewässerarten, die nicht zu kalt werden (wie z.B. Forellenbäche)
natürliche Nahrung:	Larven, Würmer und andere Kleinlebewesen, aber auch kleine Fische
Laichzeit:	ab September/Oktober wandert der Aal zum Laichen ins Meer und zieht dabei bis in das Sargassomeer (östlich von Florida)
beste Jahreszeit zum Angeln:	Mai-September
geeignete Angelmethoden:	Posen- und Grundangel
Schnurdurchmesser ca.:	ca. 0,30 mm
Hakengröße ca.:	1-4
Angeltiefe:	Grund
Köder:	Würmer, kleine Köderfischchen
besondere Merkmale:	man unterscheidet zwischen Spitzkopf- (ernährt sich von Kleinlebewesen) und Breitkopfaal (ernährt sich räuberisch)

Barsch

maximale Größe/Gewicht:	Länge bis knapp 60 cm, Gewicht bis über 3 kg
bevorzugte Aufenthaltsgebiete/ Gewässer:	fühlt sich in den meisten Gewässern wohl, lebt meist in großen Gruppen
natürliche Nahrung:	hauptsächlich kleine Fische, aber ebenso Würmer, Larven etc.
Laichzeit:	März-April, gelegentlich später
beste Jahreszeit zum Angeln:	ganzjährig
geeignete Angelmethoden:	Posenangel, Grundangel, Kunstköderangel
Schnurdurchmesser ca.:	0,18-0,22 mm
Hakengröße ca.:	2-10
Angeltiefe:	alle Wasserschichten, allerdings: je kälter, desto tiefer
Köder:	Würmer, Maden, kleine Köderfische, alle Kunstköder bis ca. 10 cm Länge
besondere Merkmale:	**Vorsicht!** Rückenflosse ist mit spitzen Stacheln besetzt; Schuppen fühlen sich rau an

Hecht

maximale Größe/Gewicht:	Länge bis 140 cm, Gewicht bis ca. 25 kg
bevorzugte Aufenthaltsgebiete/	alle stehenden und langsam fließenden Gewässer, oft Einzelgänger, versteckt sich gerne
natürliche Nahrung:	Fische, aber auch Entenküken, Mäuse, Frösche, große Krebse
Laichzeit:	März-Mai
beste Jahreszeit zum Angeln:	Mai-Dezember
geeignete Angelmethoden:	Posen- und Grundangel, Kunstköderangel
Schnurdurchmesser ca.:	0,30-0,40 mm
Hakengröße ca.:	1/0-6
Angeltiefe:	alle Wasserschichten, allerdings: je kälter, desto tiefer
Köder:	Köderfische, alle Kunstköder (möglichst größer als 12 cm)
besondere Merkmale:	**Achtung!** Das Maul ist mit Hunderten von kleinen, aber sehr scharfen und spitzen Zähnen besetzt, niemals hineingreifen!

Rapfen

maximale Größe/Gewicht:	Länge bis über 90 cm, Gewicht bis 9 kg
bevorzugte Aufenthaltsgebiete/ Gewässer:	am liebsten in Flüssen und Kanälen, gelegentlich aber auch in großen Seen
natürliche Nahrung:	kleine Fische und Fischbrut, aber auch andere Kleinlebewesen
Laichzeit:	April-Juni
beste Jahreszeit zum Angeln:	Mai-September
geeignete Angelmethoden:	Kunstköderangel
Schnurdurchmesser ca.:	ca. 0,25 mm
Hakengröße ca.:	2-8
Angeltiefe:	fast immer an der Wasseroberfläche; bei kälterem Wasser auch etwas tiefer
Köder:	alle kleinen Kunstköder bis max. 10 cm Länge
besondere Merkmale:	im Sommer immer dort anzutreffen, wo viel Strömung herrscht; dort jagt er knapp unter der Wasseroberfläche

Wels

maximale Größe/Gewicht:	Länge bis 250 cm, Gewicht bis über 100 kg
bevorzugte Aufenthaltsgebiete/ Gewässer:	Flüsse, Seen, Kanäle, versteckt sich gerne im Gewässer
natürliche Nahrung:	Fische, aber auch große Krebse und andere Lebewesen, die sich im Wasser aufhalten
Laichzeit:	Mai-Juli
beste Jahreszeit zum Angeln:	Mai-September
geeignete Angelmethoden:	Posen- und Grundangel, Kunstköderangel
Schnurdurchmesser ca.:	Mindestens 0,50 mm
Hakengröße ca.:	8/0-2/0
Angeltiefe:	Mittelwasser und Grund
Köder:	Fische, große Kunstköder
besondere Merkmale:	Welse sind riesige, kampfstarke Fische. Wenn du weißt, wo welche leben, solltest du sie nur mit einem erfahrenen Angler gemeinsam beangeln!

Zander

maximale Größe/Gewicht:	Länge bis über 100 cm, Gewicht bis max. 15 kg
bevorzugte Aufenthaltsgebiete/ Gewässer:	tiefe Seen, große Flüsse, Kanäle
natürliche Nahrung:	Fische, aber auch andere Kleinlebewesen
Laichzeit:	April-Juni
beste Jahreszeit zum Angeln:	Mai-Dezember
geeignete Angelmethoden:	Posen- und Grundangel, Kunstköderangel
Schnurdurchmesser ca.:	0,22 – 0,30 mm
Hakengröße ca.:	2-8
Angeltiefe:	fast immer Grund, gelegentlich auch Mittelwasser
Köder:	kleine und mittlere Köderfische, alle Kunstköder (am besten jedoch Gummiköder am Grund)
besondere Merkmale:	**Achtung!** Rückenflosse ist mit Stacheln besetzt, Schuppen fühlen sich rau an!

Meine Erfolge beim Angeln:

Foto

Fischart:

Datum:

Gewässer:

Gewicht/g:

Länge/cm:

Köder:

Fischart:

Datum:

Gewässer:

Gewicht/g:

Länge/cm:

Köder:

Foto

Fischart: ______________________

Datum: ______________________

Gewässer: ______________________

Gewicht/g: ______________________

Länge/cm: ______________________

Köder: ______________________

Foto

Foto

Fischart: ______________________

Datum: ______________________

Gewässer: ______________________

Gewicht/g: ______________________

Länge/cm: ______________________

Köder: ______________________

Glossar – schwierige Wörter einfach erklärt

Austarieren der Pose: Damit die Pose schön aufrecht im Wasser steht, muss die Angelschnur mit Klemmbleien beschwert werden. Die Pose ist dann richtig austariert, wenn nur noch die feine Antenne aus dem Wasser schaut.

Castingboom: kleines Plastikröhrchen, mit dem die Schnur beim Grundangeln ohne Widerstand vom Fisch abgezogen werden kann; wird auch „Anti-tangle-Röhrchen" genannt.

Futterkorb: ein kleiner Drahtkorb, in den du pulverförmiges Futter einkneten kannst. Der Futterkorb wird dann statt eines Grundbleies eingesetzt und lockt die Fische zum Haken.

Gummiperle: wird auf die Schnur gefädelt, um den Knoten zu schützen, damit das Grundblei beim Auswurf nicht auf den Knoten schlägt; wird auch bei der Laufposenmontage eingesetzt; Perlen aus Plastik kannst du genauso gut verwenden.

Gründeln: Fische, die mit dem Maul im Bodenschlamm wühlen, um Nahrung zu finden. Meistens steigen dabei kleine Luftblasen an die Wasseroberfläche.

Hakenschenkel: Dein Angelhaken besteht aus Hakenschenkel und Hakenbogen. Der Schenkel ist das längere Stück, an dem du anfasst, um den Haken zu lösen.

Klemmbleie: werden auch Schrotbleie genannt. Kleine Bleikugeln, die in der Mitte eine Einkerbung haben, in die du die Schnur einlegst und dann zusammenkneifst. Zum Austarieren der Pose und als Beschwerung der Schnur.

Kurbel (der Rolle): der Griff, an dem du anfasst, um die ausgeworfene Schnur einzudrehen.

Laufpose: eine Pose, die frei auf der Schnur gleitet und erst durch einen Stopperknoten gestoppt wird; solltest du bei Wassertiefen über 2,5 m einsetzen, weil das Auswerfen mit feststehenden Posen sonst sehr schwierig wird.

Mindestmaß: die Mindestgröße, die ein gefangener Fisch haben muss, damit du ihn dem Gewässer zum Essen entnehmen darfst. Mindestmaße sind an allen Gewässern und für alle Fische unterschiedlich. Informiere dich vor dem Angeln darüber.

Rollenhalter: hat jede Rute. Dieser dient dazu, die Rolle an der Rute festzuschrauben.

Schnurfangbügel: Bügel an deiner Angelrolle, den du zum Auswerfen aufklappen musst und zum Einholen wieder zuklappst; schließt automatisch, wenn du an der Kurbel drehst.

Schnurlaufröllchen: kleines Metallröllchen am Schnurfangbügel deiner Angelrolle. Über dieses Röllchen wird beim Eindrehen die Schnur gezogen und auf die Rolle gespult. Wichtig: immer gut ölen!

Stahlvorfach: aus feinen Stahlfäden hergestelltes Vorfach. Dies musst du beim Hechtangeln verwenden, da der Hecht mit seinen scharfen Zähnen sonst die Schnur durchbeißen kann.

Stationärrolle: sind am weitesten verbreitet bei den Anglern. Es gibt aber auch andere Rollen wie z.B. die Multi- oder Kapselrolle, die für ganz spezielle Angelmethoden entwickelt wurden.

Tauchschaufel: sitzt am Kopfende eines Wobblers. Sie dient dazu, dass der Wobbler bis weit unter die Wasseroberfläche taucht, wenn du ihn einholst.

teleskopierbar: alle Teile, die du zusammenschieben und wieder auseinander ziehen kannst wie z.B. Teleskopruten, Kescherstiele oder Rutenständer.

Tragkraft: gibt Auskunft darüber, wie viel Gewicht an die Angelschnur angehängt werden darf, bis sie reißt. Bei der Tragkraftangabe von Posen ist gemeint, wie viel Gramm Blei du auf die Schnur klemmst, damit sie exakt austariert ist.

Unterfangkescher: Wenn du einen größeren Fisch an der Angel hast, musst du den Fisch mit dem Unterfangkescher aus dem Wasser heben, damit er nicht abreißt.

Vorfach: die letzten 30-100 cm Schnur an deiner Montage. Das Vorfach sollte stets dünner als die Hauptschnur sein, damit die Schnur immer an dieser Stelle reißt, wenn der Köder hängen bleibt oder der Fisch mit dem Köder verschwindet. So verlierst du nicht die gesamte Montage mit all den Einzelteilen.

Wirbel: wichtigstes Verbindungsglied zwischen Hauptschnur und Vorfach; erleichtert das Anknoten und Auswechseln des Vorfachs.

Wurfgewicht: Das optimale Wurfgewicht für eine Rute ist immer in der Nähe vom Griff auf die Angel aufgedruckt. Mit diesem angegeben Gewicht ist die Rute beim Wurf optimal ausgelastet. Gewichte, die schwerer als die Angabe auf deiner Rute sind, solltest du nicht auswerfen.

Zuckmückenlarven: die Hauptnahrungsquelle für die meisten Fische. Zuckmückenlarven sind ca. 0,5-2 cm groß, sehr dünn und meist rot gefärbt. Sie leben in der obersten Schlammschicht der Gewässer.

Nützliche Adressen

Fachmagazine

Rute & Rolle
Hellgrundweg 109
22525 Hamburg
www.ruteundrolle.de

Fisch & Fang
Erich-Kästner Str. 2
56379 Singhofen
www.fischundfang.de

Blinker + Angelwoche
Troplowitzstraße 5
22529 Hamburg
www.blinker.de

Verbände

Deutscher Anglerverband e.V. (DAV)
Weißenseer Weg 110
10369 Berlin
www.anglerverband.com

Verband Deutscher Sportfischer e.V. (VDSF)
Siemensstraße 11-13
63071 Offenbach a. M.
www.vdsf.de

Verband österr. Arbeiter Fischerei Vereine
Lenaugasse 14
1080 Wien
www.fischundwasser.at

Österr. Sport- und Fischereiverband
Florianigasse 24/2
1082 Wien
www.meinwasser.at

Schweizerischer Fischerei-Verband
Vordergasse 30
8200 Schaffhausen
www.sfv-fsp.ch

Internet

www.anglerboard.de
(Angel-Diskussionsforum)

www.fisch-hitparade.de
(Angel-Diskussionsforum)

www.bissclips.de
(Angelfilme)

www.fishmaps.de
(Angelreiseführer für Deutschland und Dänemark)

www.uferhelden.de
(Angelspiele für den PC)

www.gerlinger.de
(Versandhandel für Angelgeräte)

www.askari-angelsport.de
(Versandhandel für Angelgeräte)

www.angel-domaene.de
(Versandhandel für Angelgeräte)

www.fischerpruefung.de
(Webseite zur Sportfischerprüfung)

www.angelfoto-archiv.de
(Angelfotos im Internet)

www.pikefoto.com
(Hochwertige Fotos vom Raubfisch-angeln)

www.hardygreys.de
(Hersteller von hochwertigem Angelgerät)

www.angelsuchmaschine.de
(Suchmaschine rund um's Angeln)

Was du zum Angeln sonst noch brauchst:

Angelbox
mit Schwimmer, Angelhaken, Bleigewichten und Schnellverschlüssen
€ 9,95*
Artikel-Nr.: 9647

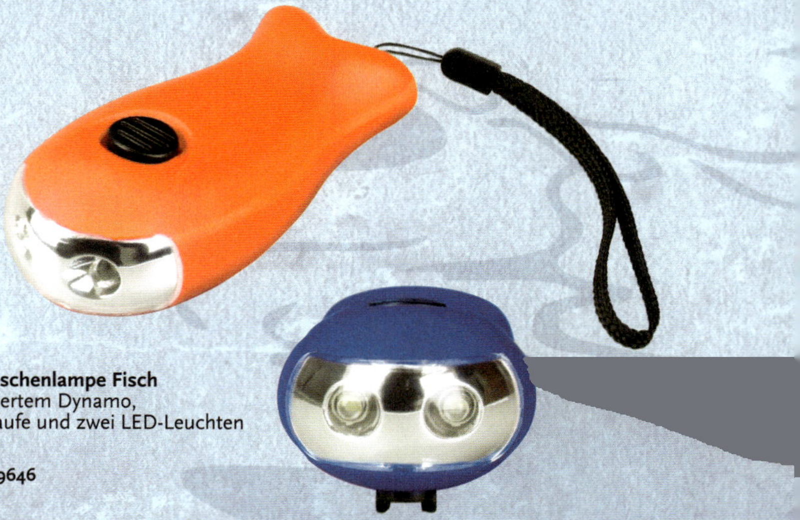

Dynamotaschenlampe Fisch
mit integriertem Dynamo, Handschlaufe und zwei LED-Leuchten
€ 5,95*
Artikel-Nr.: 9646

*unverbindliche Preisempfehlung

Rotauge
Länge bis 45 cm,
Gewicht bis ca. 2 kg

Schleie
Länge bis ca. 65 cm,
Gewicht bis 7 kg

Raubfische

Aal
Länge bis über 100 cm,
Gewicht bis ca. 6 kg

Barsch
Länge bis knapp 60 cm,
Gewicht bis über 3 kg

Hecht
Länge bis 140 cm,
Gewicht bis ca. 25 kg

Rapfen
Länge bis über 90 cm,
Gewicht bis 9 kg

Wels
Länge bis 250 cm,
Gewicht bis über 100 kg

Zander
Länge bis über 100 cm,
Gewicht bis max. 15 kg

moses.

Heimische Süßwasserfische

Friedfische

Aland
Länge bis 65 cm,
Gewicht bis 3,5 kg

Barbe
Länge bis 90 cm,
Gewicht bis über 8 kg

Brassen
Länge bis 80 cm,
Gewicht bis 8 kg

Döbel
Länge bis 65 cm,
Gewicht bis ca. 4 kg

Rotfeder
Länge bis 50 cm,
Gewicht bis ca. 2,5 kg

Karpfen
Länge bis über 100 cm,
Gewicht bis ca. 40 kg